AU SERVICE DU QUÉBEC

Gaston Cholette

AU SERVICE DU QUÉBEC

Souvenirs

septentrion

Cet ouvrage a été publié avec l'appui du Programme de subvention globale du Conseil des Arts du Canada et du ministère de la Culture du Québec.

Photo de la couverture: toute sa vie au service du Québec, Gaston Cholette reçoit ici la médaille de l'ACTIM (1978) organisme français qui a succédé à l'ASTEF.

Révision: Solange Deschênes

ISBN: 1208144

FC
2925-1
.C49
A3
1994

Si vous désirez être tenu au courant des publications
des ÉDITIONS DU SEPTENTRION,
vous pouvez nous écrire au
1300, av. Maguire, Sillery (Québec) G1T 1Z3
ou par télécopieur (418) 527-4978

Dépôt légal – 4ᵉ trimestre 1994
Bibliothèque nationale du Québec

Distribution Univers
845, rue Marie-Victorin
Saint-Nicolas (Québec)
G0S 3L0

Données de catalogage avant publication (Québec)

Cholette, Gaston

    Au service du Québec: souvenirs

    Comprend des réf. bibliogr.

    1. Cholette, Gaston, 1920-   . 2. Québec (Province) - Politique et gouvernement - 1960   . 3. Québec (Province) - Politique et gouvernement - 1936-1960. 4. Politique linguistique - Québec (Province). 5. Négociations collectives - Secteurs public et para-public - Québec (Province). 6. Hauts fonctionnaires - Québec (Province) - Biographies. I. Titre.

FC2925.1.C46A3   1994   971.4'04'092   C94-941225-2
F1053.25.C46A3   1994

Avant-propos

LORSQUE JE RÉDIGEAIS LE MANUSCRIT qui allait devenir le livre intitulé *L'Office de la langue française,* de 1961 à 1974, Denis Vaugeois m'invita à le rencontrer. Pierre Auger, son conseiller aux éditions du Septentrion sur les questions de langue française, l'avait mis au courant de mon projet. Denis Vaugeois désirait évaluer l'opportunité de publier l'ouvrage en gestation.

Denis Vaugeois et moi, nous nous connaissions depuis la fin de la décennie 60, au moment où il était le chef de cabinet du ministre Marcel Masse. Nous avons travaillé ensemble à plusieurs reprises. Lorsque je lui appris que l'Institut québécois de recherche sur la culture me fournissait une aide technique et financière et publierait peut-être mon manuscrit sur l'Office de la langue française, il déclara qu'il ne voulait pas perturber le cours de ce processus. Il me dit beaucoup de bien de l'Institut québécois de recherche sur la culture et m'encouragea à continuer dans la voie où je m'étais engagé.

Denis Vaugeois me proposa alors de rédiger éventuellement un autre ouvrage dans lequel je raconterais certaines péripéties de ma carrière. Plutôt qu'une autobiographie de style classique, il me suggéra de partir tout simplement de quelques anecdotes. Quelques-unes pourraient servir de point de départ à la reconstitution de certaines opérations, de certains dossiers importants auxquels j'ai été mêlé.

Sur le coup, je trouvai l'idée plutôt amusante mais en réalité légère. Je l'oubliai presque complètement pendant les semaines suivantes, occupé que j'étais à terminer mon manuscrit sur l'Office de la langue française. Petit à petit, cependant, et subrepticement, l'idée de ce second livre trottait dans mon subconscient. Je commençais à pressentir sa fécondité potentielle. Après avoir fait de longues et nombreuses recherches pour la préparation de mon livre sur l'Office de la langue française, le rappel de simples anecdotes prenait graduellement les contours sympathiques d'une opération pas trop compliquée qui ne demanderait pas d'efforts considérables. Certaines des anecdotes que l'on trouve dans le présent ouvrage me revenaient dans la tête.

C'est avec l'esprit léger que je me mis à rédiger quelques souvenirs. Dans les premiers temps, j'écartai toute recherche, ou vérification. Je m'amusai à esquisser quelques premiers jets de situations qui me revenaient en mémoire. Une fois passé ce premier stade, je me rendis compte de l'ampleur de la tâche qu'il me restait à accomplir. Il fallait absolument que je précise certains faits, que je vérifie des dates, que je retrouve des renseignements que j'avais oubliés, bref que je m'attelle à un long travail de vérification.

Mes recherches ont été facilitées par le fait que j'avais conservé — sans pourtant avoir jamais eu jusque-là l'intention de m'en servir — quelques documents et points de repère. En ce qui concerne, par exemple, mon expérience au Conseil national de la productivité, j'avais rédigé sur le vif, à chaud, peu de temps après avoir quitté cet organisme, un document dans lequel je reconstituais la trame des événements. Pour les années 1963 et 1964, mon agenda de poche m'a été d'un grand secours, car j'y avais noté, le plus souvent dans un style télégraphique, quelques-uns des faits que je relate. Quant aux premières négociations entre le gouvernement du Québec et le Syndicat des fonctionnaires provinciaux du Québec, ma principale source de renseignements a été la série complète de mes rapports hebdomadaires au premier ministre, Jean Lesage, et des réponses que celui-ci me donnait à ce sujet.

Malgré tous mes efforts, cependant, je n'ai pas trouvé la déclaration de Jean Lesage sur la question de la sécurité syndicale, dans laquelle le premier ministre rassurait certains fonctionnaires qui craignaient d'être obligés un jour de payer malgré eux une cotisation à un syndicat ou d'adhérer à un syndicat contre leur gré. Je n'ai pas été capable, non plus, de trouver la confirmation absolument certaine des dates que j'avance sur la visite d'une mission de l'Organisation de coopération et de développement économiques (OCDE) à Québec et sur les premières négociations entre le Québec et la Belgique en vue de la conclusion d'ententes intergouvernementales.

Pour plusieurs des dossiers que j'ai choisi de reconstituer, j'ai préféré le témoignage à l'anecdote. Je sentais plutôt le besoin d'expliquer, d'analyser.

Au terme de la rédaction de mon manuscrit, lorsque je relis, les uns après les autres, mes souvenirs, mes analyses et mes témoignages, j'éprouve à la fois de la satisfaction et une certaine gêne. La satisfaction vient du fait que j'ai pu reconstituer quelques dossiers importants qui permettront à ceux qui s'y intéressent de connaître un peu mieux des événements qui méritent d'être mis au jour. Ces événements, en effet, même s'ils ne sont parfois qu'une partie de la petite histoire, peuvent apporter un éclairage utile dans l'étude de phénomènes que retiendra peut-être l'Histoire. C'est le cas pour les premières négociations dans le secteur public et pour les péripéties qui entourent l'application de la Charte de la langue française.

La gêne que j'éprouve s'explique de plusieurs façons. Un livre fait en grande partie d'une série d'anecdotes sera peut-être jugé par plusieurs lecteurs comme superficiel. Quelques récits seront probablement considérés comme cruels à l'égard de certaines personnes, dont quelques-unes sont décédées. Enfin, plusieurs estimeront peut-être que mon livre est une œuvre où le besoin de me justifier n'est pas toujours absent.

C'est vrai. N'est-ce pas légitime pourtant? Je n'ai jamais agi à la légère. Et à défaut d'être toujours complaisant à l'égard de quelques personnalités politiques avec lesquelles j'ai travaillé, j'ai toujours été animé de la plus grande volonté de servir de mon mieux l'État québécois. La principale caractéristique du présent ouvrage, le fil conducteur qui en assure l'unité et en constitue la justification la plus profonde, c'est mon engagement au service du Québec, notamment dans la construction d'un État moderne, dans l'amélioration de la situation du français et dans la coopération franco-québécoise.

Ma carrière a été agréable, même si elle n'a pas toujours été facile. On m'a souvent confié des missions explosives, ce qui était à la fois exaltant et dangereux. Ce que j'en retiens surtout, c'est que j'ai souvent eu la chance d'être, avec d'autres bien entendu et pas toujours comme protagoniste, à l'origine de plusieurs opérations intéressantes: préparation du Code du travail, création du Centre d'organisation scientifique de l'entreprise, négociation des premières ententes franco-québécoises, premières négociations de conventions collectives entre le gouvernement du Québec et ses fonctionnaires, conception et mise au point de la politique de francisation des entreprises, coopération avec la France, la Belgique et la Louisiane, application de la Charte de la langue française. Dans cette perspective, certains conflits occasionnels entre personnes ne devraient pas faire oublier l'essentiel mais plutôt être considérés comme des accidents de parcours.

Le «terrain de jeux» de mon enfance

M ALGRÉ L'ATMOSPHÈRE LOURDE QUI RÉGNAIT À LA MAISON, à une époque où le jansénisme imprégnait la société québécoise, c'est la joie et même l'émerveillement qui dominent dans mes souvenirs d'enfance et de prime adolescence. J'ai en effet beaucoup joué, dans un espace de rêve qui constituait tout un univers, où les activités de la ville et celles de la campagne se mélangeaient intimement.

Mon enfance se passe dans le quartier Limoilou, à Québec. Pendant la décennie 20 et une bonne partie de la décennie 30, l'espace compris entre le pont Dorchester (3e Avenue) et le pont Drouin, puis entre la rivière Saint-Charles et la 3e Rue est un véritable champ de rêve. Des fenêtres de l'appartement familial, situé du côté nord de la 3e Rue, on a dans cette direction (vers le sud) une vue extraordinaire: au premier plan, cet espace féérique où foisonnent les activités les plus excitantes, puis la rivière Saint-Charles avec sa vie bourdonnante; ensuite, de l'autre côté de la rivière, le quartier Saint-Roch et la voie ferrée où travaille mon père comme cheminot, enfin, en arrière-plan, la Haute-Ville. Au nord de la 3e Rue, il y a des maisons en rangs serrés jusqu'à la 6e Rue, mais à partir de là on a presque l'impression d'être à la campagne. Les maisons en effet y sont plutôt clairsemées et ce sont de grands champs qui emplissent le paysage.

Entre la 3ᵉ Rue et la rivière Saint-Charles, à l'ouest de la 3ᵉ Avenue, il n'y a presque pas de constructions, sauf près du pont Drouin. Au coin de la 3ᵉ Rue et de la 3ᵉ Avenue, il y a le grand magasin Vézina avec ses hangars, son écurie, ses chevaux et ses voitures. Le reste de ce vaste espace est en quelque sorte un terrain vague où chacun semble libre de faire ce qu'il veut. Juste en face de la maison, mon père empile des traverses de chemin de fer que l'on transformera en bois de chauffage. À la droite de cet emplacement, juste à côté d'une série de grands panneaux-réclames, il aménage un potager où il fait pousser des haricots, des tomates, des carottes, etc.

Plus loin, dans le champ, il y a des vaches qui broutent. Près de la rivière Saint-Charles, on trouve des installations pour l'extraction du sable. Une benne coulissant sur un câble oblique attaché à un mât va chercher le sable dans le fond de la rivière et remonte pour laisser tomber celui-ci le long du mât, formant ainsi graduellement une haute pyramide qui atteindra environ 15 mètres. Mes amis gamins et moi allons parfois escalader cette pyramide pour en redescendre ensuite par toutes sortes de moyens. Je reste souvent de longs moments à la fenêtre du salon pour surveiller l'incessant va-et-vient de la benne. Lorsqu'elle arrive dans l'eau après avoir descendu à toute vitesse sur son câble, elle fait un «splache» énorme et reste ensuite longtemps au fond de l'eau. Lorsqu'elle refait surface, elle dégouline de partout et perd ainsi une bonne partie de son eau pendant tout le temps de la remontée, après quoi elle ouvre sa grande gueule et laisse tomber sa charge mouillée sur la pointe du tas de sable.

Entre ce «tas de sable» et la 3ᵉ Rue, on dompte des chevaux sauvages. On les attelle à des traîneaux d'hiver qu'on les force à tirer sur un terrain ensablé. On en fait tourner d'autres auxquels on a attaché une corde au cou que le dompteur tient fermement.

Au cours de l'été, l'espace près de la 3ᵉ Avenue devient un terrain où l'on joue à la balle. Les gamins de mon âge occupent le terrain pendant la matinée, mais l'après-midi et le soir, bien souvent, ce sont des «grands» qui s'y installent. Parfois, lorsqu'ils ont besoin d'un joueur d'appoint, ils me recrutent car j'ai la réputation d'être un bon «petit panier», ce qui veut dire que je capte bien la balle.

Dans ce vaste champ qui se recouvre d'eau lors des grandes crues de la rivière Saint-Charles, mes amis et moi allons parfois «aux grenouilles». Comme j'éprouve une certaine répulsion à l'égard de ces bêtes, c'est un autre que moi qui se charge de les capturer. Mon rôle consiste à trouver, à repérer les grenouilles. Elles se tiennent généralement au bord des étangs, ce qui fait qu'elles peuvent facilement échapper à leurs poursuivants en se lançant à l'eau avant même qu'on les ait aperçues. Lorsque j'en vois une, je fais discrètement signe à mon compagnon. Celui-ci s'approche à pas feutrés, comme un félin, et, dans une détente éclair, se jette sur la petite bête et l'immobilise avec ses deux mains. Une fois la récolte jugée suffisante, on place les grenouilles dans un trou qui a été creusé assez profondément pour les empêcher de s'échapper. Les gamins que nous sommes prenons un méchant plaisir à énerver les grenouilles et les crapauds, en les piquant pour les faire sauter et parfois en leur faisant fumer une cigarette.

Il m'arrive aussi d'attraper de tout petits poissons. Il suffit de fixer des bocaux, le goulot tourné vers le nord, là où la marée montante pousse la rivière Saint-Charles. En refluant plus tard dans son lit, la rivière ramène avec elle des petits poissons qui restent dans les bocaux.

Dans les périodes creuses de l'été, lorsque je ne joue pas en groupe, je m'occupe à lancer des cailloux, en visant des cibles difficiles. Je suis très attiré par cet exercice, car je suis souvent choisi pour être le lanceur de mon équipe pendant les parties de balle. L'hiver, je fais la même chose avec des mottes de neige. Une fois, l'une de ces mottes que j'avais lancées par-dessus la maison était tombée de l'autre côté sur la tête d'un piéton. Celui-ci m'avait poursuivi mais n'avait pu m'attraper car je courais vite et connaissais à fond le dédale de ruelles, de clôtures, de hangars et d'escaliers d'intérieur que formait mon quadrilatère.

Mon jeu préféré pendant l'hiver est le hockey. Les bons disques (rondelles) en caoutchouc qui servent à ce jeu étant plutôt rares, mes amis et moi utilisons surtout des substituts, c'est-à-dire des crottes de cheval gelées. Comme on peut le voir, je ne manque pas de donner libre cours à mon goût pour les jeux, en particulier ceux qui sont en vogue chez les jeunes de mon âge. Le voisinage de la maison familiale est en quelque sorte un vaste terrain de jeux.

Pendant un certain nombre d'années, je dois cependant consacrer le début de l'été à des travaux que je n'aime pas du tout. Mon frère aîné, Albert, a eu en effet l'idée d'offrir ses services pour scier, fendre, corder et ranger les traverses de chemin de fer mises de côté que mon père accumule pour en faire du bois de chauffage. Soucieux d'épargner à mon père des corvées pénibles qui s'ajoutent à son travail de cheminot, il se porte volontaire et me mobilise sans me demander mon avis. Ne pouvant échapper à une décision prise en commun par mon père et mon frère aîné, je dois faire contre mauvaise fortune bon cœur, mais je m'en tiens cependant au strict nécessaire. Lorsque la scie, par exemple, devient inutilisable après un contact avec des cailloux coincés dans la fente d'une traverse, j'en profite pour aller me coucher sur un vieux divan qui se trouve près de notre chantier, tandis que mon frère quitte les lieux pour limer la scie et lui «donner du chemin». À son retour, Albert doit parfois me sermonner pour que je me remette au travail.

Un jour de printemps, la rivière Saint-Charles déborde de son lit, emplit tout l'espace qui va de sa limite habituelle jusqu'à la 3e Rue. Elle passe même par-dessus la rue, inondant partiellement la cave de la maison familiale. C'est une cave froide sur terre battue, qui sert d'entrepôt et de réfrigérateur. En hiver, les murs de béton sont couverts de «frimas». À certains endroits, il faut se pencher pour ne pas se cogner la tête au plafond. Dans un coin, où l'on a fait un carré de sable, on «plante» chaque année des carottes et des poireaux à l'automne. On peut ainsi en consommer pendant tout l'hiver. C'est dans la cave que l'on corde chaque année une bonne partie du bois de chauffage. On y trouve aussi une quantité considérable de pots de conserves que ma mère a préparées. Ces pots sont installés sur des tablettes qui sont hors de portée de l'eau des inondations. Par terre, dans une grande boîte de bois, il y a la provision de patates: une quinzaine de poches que l'on va chercher à pied, chaque automne, au marché Saint-Roch. Ce rite annuel nous oblige, mon frère Albert et moi, à effectuer plusieurs déplacements avec une voiturette sur une distance d'au moins deux kilomètres.

C'est ma mère qui s'occupe presque toujours de l'achat de la nourriture. Née à Sainte-Claire, dans l'ancien «comté» de Dorchester, elle aime bien s'approvisionner directement auprès des cultivateurs. Elle connaît bien les «habitants», les gens de la campagne. Quand elle se rend au marché Saint-Roch, elle en fait le tour complet afin de comparer les prix et elle marchande constamment avec ses interlocuteurs. Mon père, lui, fait exactement le contraire. Il trouve toujours que les «habitants» ne demandent pas assez cher pour leurs produits. La plupart du temps, il transige sans discussion avec le premier vendeur qu'il rencontre, ce qui incite ma mère à ne pas le laisser aller trop souvent au marché Saint-Roch.

Lors de l'inondation, on enlève ce qui risque de périr, en particulier les carottes et les poireaux. La situation est plus dramatique de l'autre côté de la rue, en contrebas. Des volontaires se portent au secours des chevaux de l'entreprise Vézina. Les pauvres bêtes sont dans l'eau jusqu'au ventre et les glaçons leur pendent de partout. On réussit à les sauver presque tous. L'écurie et les hangars du complexe Vézina sont à l'ouest du magasin.

Je me rends parfois dans cette écurie, à l'heure du repas des chevaux. Même si je suis effrayé à l'idée d'entrer dans les ports (stalles) des chevaux, je me hasarde quelquefois à aller vider de l'avoine dans l'auge, qui est au fond du port. Certains chevaux fringants se pressent alors vers la mangeoire et me coincent un peu contre la paroi latérale du port. J'ai peur aussi de me faire marcher sur les pieds ou de me faire mordre.

Mes amis et moi aimons beaucoup faire de l'exploration dans les hangars qui sont attenants aux écuries. Il y a là des instruments de toutes sortes, des voitures d'été et d'hiver pour chevaux, etc. L'hiver, nous grimpons sur le toit de l'écurie et des hangars et nous sautons dans les bancs de neige qui les entourent. Au plus fort de l'hiver, à cause du déchargement du toit et de l'action du vent, il y a bien trois mètres de neige à certains endroits. Nous avons parfois du mal à nous extirper du banc de neige et il nous arrive, avant de nous lancer, d'éprouver une sensation d'étouffement.

Pendant l'hiver, il y a une patinoire tout près de l'endroit où mon père aménage un potager au cours de l'été. Je vais y patiner tous les jours. L'abonnement pour tout l'hiver coûte deux dollars. Le soir, le signal de la rentrée à la maison est donné par ma mère qui allume à cette fin les lumières du salon.

Au cours d'un été, je suis témoin d'une opération qui m'étonne beaucoup. Moi, dont le père a été élevé à la campagne et pour qui les habitants (cultivateurs) sont les gens les plus honnêtes au monde, je vois un jour l'un d'eux se livrer à une fourberie difficile à imaginer. Il arrive avec une charrette remplie de bois de chauffage. Près des panneaux-réclames dont j'ai parlé tout à l'heure, il se met à décharger son voyage. Une fois cette opération terminée, il recharge la charrette mais en prenant bien soin de mettre des pièces de travers afin de créer des vides, ce qui lui permet de monter un voyage de bois qui a l'air complet même s'il ne compte que la moitié de la quantité normale. Après avoir vendu cette marchandise, il revient chercher le bois qui est resté sur place et repart le vendre à un autre client. Façon astucieuse de faire du deux dans un.

Le grand champ en face de notre maison est traversé en diagonale par un sentier qui est emprunté par beaucoup de piétons. Ce sentier relie la 3e Avenue, à la hauteur de la 2e Rue environ, à la 3e Rue, tout près du cinéma Rialto et du pont Drouin.

Pendant l'hiver, l'espace près de la rivière Saint-Charles, la 3e Avenue et le pont Dorchester se transforme en dépotoir pour la neige. Des chevaux tirent des «banneaux» (tombereaux) que l'on va déverser à cet endroit. Le trafic y est quelquefois très dense. Les conducteurs qui arrivent de la 3e Avenue doivent parfois manœuvrer longtemps pour placer leur banneau au bon endroit. Une fois que le conducteur a fait reculer le cheval et le banneau jusqu'à l'extrémité du dépotoir, il retire le verrou qui maintient la charge à l'horizontale et fait reculer sa monture jusqu'à ce qu'une bonne partie de l'arrière du banneau soit au-dessus du vide. Dans la fraction de seconde névralgique qui suit, il fouette le cheval pour que celui-ci donne un grand coup par en avant afin de ne pas dégringoler dans la rivière au moment où le banneau bascule avec sa charge de neige. Chaque hiver, il arrive qu'un cheval déboule dans la rivière avec son attelage. Il faut alors le retirer en lui attachant une corde au cou et en le halant jusqu'en haut sur une distance qui équivaut à quatre étages environ.

Il m'arrive d'aller au dépotoir de neige avec Robert Grondin, homme embauché par un compagnon de travail de mon père pour faire du transport avec un cheval et une voiture. Pendant le trajet, je me tiens debout à côté de lui sur une traverse qui relie les deux menoires. Dans cette position, on a peur de tomber et on est un peu coincé entre le banneau, sur lequel on s'appuie, et le cheval en avant dont la queue, faite de crins durs, nous fouette parfois le visage.

La rivière Saint-Charles n'est pas très accueillante pendant l'hiver. Il s'y forme de gros blocs de glace qui se font charrier par les marées. Des jeunes se hasardent parfois à traverser la rivière en sautant d'un bloc de glace à un autre. C'est une entreprise très risquée. Je m'y suis essayé une fois, mais j'ai dû rebrousser chemin.

Pendant l'été, la rivière Saint-Charles est le théâtre d'une très grande activité. On y voit des chalands remplis de sable tirés par des remorqueurs. Plusieurs de ces chalands sont déchargés en amont du pont Drouin; d'autres s'arrêtent juste en aval du pont Dorchester, sur la rive gauche. Le passage des bateaux provoque la levée très fréquente des ponts à bascule, surtout le pont Dorchester, qui relie la 3ᵉ Avenue à la rue du Pont, donc au quartier Saint-Roch. Chaque moitié du pont s'élève presque verticalement, ce qui bloque momentanément la circulation des automobiles (encore rares dans les décennies 20 et 30) et des voitures traînées par des chevaux. Certains gamins se livrent parfois à un jeu périlleux: une fraction de seconde après le début de l'élévation simultanée des deux moitiés du pont, ils s'élancent d'une section à l'autre au-dessus du vide. J'ai réalisé cet exploit une seule fois, car la peur que j'ai ressentie à cette occasion m'a fait renoncer à toute envie que j'aurais pu avoir de recommencer.

On voit aussi dans la rivière quelques chaloupes dont certains se servent pour «piquer» (voler) la «pitoune» (billes de bois) qui a échappé à la papeterie de l'Anglo-Canadian Pulp and Paper Mills, située à l'embouchure de la Saint-Charles. Presque chaque été, il y a quelques braves qui plongent du pont Dorchester ou du pont Drouin pour épater la galerie.

Les excentricités du curé Létourneau

Pendant les premières années de mon enfance, j'habite dans la paroisse Saint-Charles de Limoilou, dirigée par les pères Capucins. Par la suite, une nouvelle paroisse, comprenant un morceau de l'ancien territoire de la paroisse Saint-Charles, est créée.

Mes parents m'y poussant sans doute, je deviens rapidement enfant de chœur au service de l'abbé Létourneau, curé de la paroisse du Saint-Esprit. Au début, la nouvelle église n'étant pas encore construite, les messes et autres offices religieux sont célébrés dans une section du garage de François Nolin. Celui-ci est un entrepreneur en transport qui possède beaucoup de chevaux et de camions.

Beaucoup de choses laissent alors à désirer. C'est ainsi que le choix des soutanes pour les enfants de chœur n'est pas très grand. Aucune d'entre elles ne me convient, car elles sont toutes trop grandes. Un bon matin, à la messe de six heures, je crois, il arrive un incident qui m'attire la colère du curé Létourneau. Je suis l'un des deux enfants de chœur de service. Chacun a un chandelier et se tient au pied de l'autel, l'un à gauche, l'autre à droite. À un certain moment, il faut que chacun se dirige vers le milieu avec le chandelier dans ses mains et fasse une génuflexion au pied de l'escalier conduisant à l'autel. Ma soutane étant trop longue, je trébuche et m'étends de tout mon long sur le plancher. En tombant à terre sur une surface dallée, le chandelier fait beaucoup de bruit.

Le curé Létourneau se tourne alors vers moi et me crie à tue-tête: «Es-tu fou? Es-tu fou?» Plusieurs fois pendant la messe, il me refait la même scène. J'ai bien envie par la suite de tout abandonner, car je n'aime pas me lever si tôt pour aller à la messe et me faire engueuler par-dessus le marché, sans compter que je fais ce travail presque bénévolement (5 ou 10 sous par messe). Mes parents, je présume, ne l'entendent pas de cette façon et je dois continuer encore longtemps.

Le curé Létourneau est un homme nerveux, tourmenté, qui sort souvent de ses gonds. Il travaille fort, ne se ménage pas mais rend souvent la vie impossible à son entourage. Tout en étant très pieux, il accorde cependant la priorité à la construction d'une belle église et au remboursement rapide de la dette de la fabrique. Il parle donc souvent d'argent et insiste lourdement sur le devoir des paroissiens à cet égard.

C'est toujours lui qui fait la quête, même lorsqu'il est l'officiant. Lorsqu'il remonte l'allée, de l'arrière de l'église vers le chœur, il le fait en reculant, en tournant le dos au chœur afin de bien voir les fidèles face à face. Lorsque l'un de ceux-ci ne donne pas suffisamment, le curé le dévisage longtemps, même lorsqu'il est rendu à une dizaine de rangées de bancs plus loin.

Tout le monde est prévenu qu'il ne faut pas donner de sous (cents) noirs. Lorsque quelqu'un le fait, le curé prend la pièce dans sa main et la lance dans l'allée, ce qui parfois la fait rouler loin et longtemps. Un jour, j'assiste à la messe dans un banc avec mes trois frères. Aucun de nous n'a de l'argent dans son porte-monnaie. Après avoir passé le plateau devant nous avec beaucoup de lenteur, le curé s'arrête, nous dévisage et crie très fort: «Poche» (c'est-à-dire échec, raté ou rien). Pour que les paroissiens sachent bien qu'ils ne pourront pas lui glisser un sou noir impunément lors de la quête, le curé utilise un plateau blanc dont les rebords sont peu élevés.

À l'époque où, petit garçon, je «marche au catéchisme» (c'est-à-dire que je suis des leçons de catéchisme avec mes compagnons d'école), le curé Létourneau convoque à l'église tous les garçons et toutes les filles des écoles de la paroisse qui se préparent à la première communion. Les filles sont installées dans les rangées de gauche, les garçons dans celles de droite. Le curé se promène, pose des questions, fait des commentaires. En passant près de moi, il me demande de faire le signe de la croix. Je me souviens qu'il n'aime pas les signes de croix raccourcis. Je donne donc beaucoup d'ampleur à mes gestes. Il m'interrompt alors bruyamment en disant: «Il ne faut pas mettre le Fils dans la «flaille» (braguette).»

À l'occasion d'une retraite à l'intention des écoliers de la paroisse, le prédicateur invité recommande fortement à chacun de faire une confession générale. Plusieurs prêtres occupent les confessionnaux installés tout autour de l'église. Je me dirige vers le confessionnal du curé Létourneau. Après les premières paroles d'usage, je dis: «Monsieur le curé, je voudrais faire une confession générale.» Il me répond brusquement: «Eh bien! fais-la.» Désarçonné, je quitte précipitamment le confessionnal.

Le curé Létourneau insiste souvent sur l'importance de ne pas arriver en retard à la messe du dimanche. Bien entendu, il y a toujours des gens qui transgressent cette interdiction mais, lorsqu'il s'agit d'un léger retard seulement, l'affaire ne tourne pas au drame. Un jour, une dame richement habillée arrive pendant le sermon et se dirige lentement vers l'avant de l'église. Le curé interrompt son sermon, regarde furieusement la contrevenante et ne dit pas un mot pendant plusieurs secondes. Lorsque la dame décide enfin de s'arrêter et d'entrer dans son banc, le curé dit: «Regardez la reine Victoria.»

Une filière compliquée

A PRÈS MES PREMIÈRES ANNÉES à la «petite école» Saint-Maurice, située au bord de la 8ᵉ Avenue, je passe quelques années au collège Saint-Charles de Limoilou, à Québec. On y fait alors le cours «commercial», qui prépare à des postes en comptabilité, en secrétariat, etc. Les enseignants sont des Frères du Sacré-Cœur.

Je crois avoir été en général un élève assez discipliné, mais en quatrième année je suis plutôt turbulent. Il faut dire que dans ma classe il y a plusieurs rebelles qui donnent du fil à retordre aux autorités. Il m'arrive souvent de goûter à la «strappe», c'est-à-dire au supplice des coups de courroie en cuir dans le plat de la main.

Les sièges dans ma classe sont fixés au plancher par une tige de métal pas très résistant. J'ai l'habitude de pousser dans le dos de mon voisin d'en face, ce qui fait osciller son siège et le mien. Une bonne fois, je pousse trop fort et je dégringole sur le plancher par en arrière, car la tige de mon siège a cassé d'un coup sec.

Une autre fois, alors que je m'adonne au même manège avec mon voisin d'en face, qui est plus âgé et plus costaud que moi, celui-ci se retourne et m'assène une violente claque sur le nez. Le sang coule abondamment et je dois me précipiter aux toilettes pour faire mon ménage. Je n'ai pas recommencé à pousser dans le dos de mon voisin par la suite.

Pendant mon séjour au collège Saint-Charles, un très petit nombre d'élèves décident de s'engager dans la voie du cours classique et s'inscrivent à cet effet au Petit Séminaire de Québec. Je suis tenté de faire la même chose. Mon père, à qui je fais part de ce projet, me demande si j'ai l'intention de devenir prêtre. Vu que je lui réponds par la négative, il décide que ma place n'est pas dans un collège classique. Je ne reviendrai pas à la charge auprès de mon père, car avec le passage du temps un tel changement d'aiguillage m'obligerait à reprendre plusieurs années. La jonction entre les deux systèmes d'éducation ne peut en effet se réaliser qu'à ce prix.

Après avoir terminé la neuvième année, qui est à ce moment-là la dernière du cours commercial, mon père décide de m'envoyer continuer mes études au collège St. Patrick, à Ottawa. C'est un établissement dirigé par des pères Oblats irlandais où l'on peut faire le «junior» et le «senior» high school. Il s'agit en gros du cours secondaire. À l'âge de 15 ans, je me trouve donc du jour au lendemain plongé dans un monde étranger, dont je ne connais pas du tout la langue. Parmi les pensionnaires, il n'y a que cinq ou six francophones, dont mon frère aîné, Albert.

Mon père estime que pour gagner sa vie il faut savoir l'anglais. Cheminot au CPR[1] (prononcer à l'anglaise), les mots techniques qu'il utilise sont presque tous anglais. Ses patrons, en particulier le terrible «roadmaster», sont anglophones. La visite périodique de cet inspecteur lui donne invariablement des maux d'estomac. Même le syndicat ouvrier dont il fait partie est, pour ainsi dire, anglais. Son nom est étalé au mur de la cuisine, dans un cadre bien en évidence. Il s'agit de la Brotherhood of Maintenance of Way Employees and Railway Shop Laborers. Mon père est le secrétaire de l'«Union» (syndicat), plus précisément de la «loge» (section) de Québec. Chaque mois, il fait un rapport qu'il envoie à la Brother-hood, à Toronto. Son interlocuteur, qu'il aime bien, s'appelle O'Grady. Le rapport mensuel — il s'agit essentiellement d'un formulaire à remplir — est en anglais. Il m'arrive de le remplir pour rendre service à mon père. Les lectures régulières et préférées de mon père sont le *Financial Post* et le *National Geographic*

---

1. Canadian Pacific Railways.

Magazine; il est tout de même abonné au quotidien *L'Action catholique*, que ma mère tient à recevoir.

Dans mon nouvel habitat anglais d'Ottawa, pendant les premières semaines, il m'est difficile de suivre les cours et de faire les travaux requis parce que je ne comprends presque pas l'anglais. Dans ces conditions, mon penchant frondeur et turbulent ne tarde pas à se manifester dans ma vie de pensionnaire. Je deviens partie prenante à presque tous les coups qui se trament. Quelquefois je vais chercher de la nourriture dans le réfrigérateur des pères Oblats, pendant que quelqu'un monte la garde à la porte; à certaines occasions, c'est moi qui fais le guet. Une fois — il fait noir — je me rends au réfrigérateur et, en fouillant un peu partout en tâtonnant, je me mets le bras jusqu'au coude dans un grand pot de lait.

Parfois, je m'échappe avec des compères en passant sous la clôture qui entoure la grande cour. Bien sûr, il m'arrive de me faire attraper. Je suis alors obligé de rester en retenue dans la salle d'études sous la surveillance du préfet de discipline, le père Miller. Je le déteste et il me le rend bien. Il semble prendre un plaisir sadique à me punir.

Le dortoir des pères Oblats et celui des pensionnaires ne sont séparés que par des portes battantes. Lorsque l'heure de se mettre au lit arrive, le préfet de discipline se promène avec son bréviaire dans les allées du dortoir. De temps en temps, il se rend du côté des pères Oblats. C'est à ce moment que la foire commence. Même si je ne suis pas le seul à «mener le diable», c'est toujours moi qui suis puni par le préfet de discipline.

J'ai ma minute de gloire et de joie profonde dans mes rapports avec le père Miller lors d'une partie de hockey entre les pères Oblats et les pensionnaires. Vif et nerveux comme d'habitude, il fait une montée à l'emporte-pièce et se dirige vers moi, qui suis l'un des deux défenseurs du club des pensionnaires. Je réussis alors à le plaquer («étamper») violemment dans la bande et à lui faire perdre du coup le disque, l'équilibre et l'honneur.

Les pensionnaires ont le droit de quitter le collège pendant les fins de semaine. Quant à moi, je suis presque toujours en retenue, ce qui m'oblige à faire des travaux dans la salle réservée aux études. Le père Miller se fait un devoir — peut-être un plaisir — de m'y surveiller. Même s'il perd ainsi une bonne partie de son congé, il est assidu dans son zèle à me faire souffrir pour expier mes incartades. D'un pas nerveux et en respirant bruyamment, il est comme une queue de veau autour de moi. Dans un va-et-vient incessant, il passe dans la salle où je sèche, sort dans le corridor et revient tout en faisant la lecture de son bréviaire.

Un jour de congé spécial, quelques-uns des pensionnaires s'amusent à me taquiner car je suis encore condamné à la retenue. Dans un sursaut d'orgueil et de défi, je leur lance à brûle-pourpoint que je vais sortir comme eux. Le soir, effectivement, je me rends à la Chambre des communes, ce qui me fournit l'occasion d'entendre Ernest Lapointe, député de Québec-Est et principal porte-parole du Québec à Ottawa.

Mon frère Albert s'est rendu lui aussi à la Chambre des communes. Il est très inquiet de ce qui pourra se passer à mon retour au collège. Pour se rendre au dortoir des pensionnaires, on monte un grand escalier qui conduit au troisième étage. Je suis sûr que le père Miller fait le guet et qu'il veut m'intercepter. Son bureau est situé près de l'escalier. Je décide donc de gagner mon dortoir par le seul autre chemin possible, c'est-à-dire le dortoir des pères Oblats, auquel on peut accéder par une entrée spéciale. Je réussis à me faufiler sans éveiller l'attention car les pères sont couchés depuis assez longtemps. Plutôt content de mon astuce, je me déshabille et je me couche, mais bientôt mon frère vient me dire que le père Miller m'attend à son bureau. Celui-ci l'a en effet intercepté dans le haut de l'escalier en lui disant que je serais renvoyé du collège. Après avoir intercédé en ma faveur, mon frère réussit à faire changer la décision. Lorsque j'arrive à son bureau, le préfet de discipline m'annonce que je serai en retenue jusqu'à la fin du semestre, c'est-à-dire jusqu'à Noël.

Mon premier semestre au collège St. Patrick est un échec complet, sauf dans la mesure où je me suis familiarisé quand même avec la langue anglaise. À la fin du semestre, ne me sentant pas prêt, je décide de ne pas me présenter aux examens.

Pendant la période des fêtes, que je passe à Québec, mon père réussit à me convaincre de faire tout mon possible au cours du deuxième semestre. À partir de ce moment, je deviens un bon élève et un pensionnaire discipliné. Je réussis même à gagner un concours oratoire. Il s'agissait, pour deux équipes de deux personnes chacune, de débattre du caractère bienfaisant ou malfaisant des journaux. Avec mon collègue, Bob Kane, je soutiens que les journaux font plus de tort que de bien. À la fin des quatre interventions, j'ai droit à une réplique improvisée. Il faut croire que je me débrouillais plutôt bien en anglais puisque mon équipe remporte la victoire haut la main, aux applaudissements nourris d'une bonne partie des élèves du collège.

Je retourne au collège St. Patrick deux autres années. Je termine ainsi le cycle du «Junior High School» et j'obtiens quelques «honors» dans certaines matières du «Senior High School». Au cours de ma troisième année au collège, je travaille très fort; non seulement je suis mes cours ordinaires, mais j'en ajoute d'autres qui sont d'un niveau plus élevé. Je me prépare même tout seul pour l'examen de trigonométrie et je réussis à le passer avec une bonne note.

Lors de ma dernière année à Ottawa, je commence à me poser de sérieuses questions sur mon avenir. Tout en faisant des démarches pour continuer mes études au collège St. Patrick, je me rends compte que, sans toujours y réfléchir, je m'engage de plus en plus profondément dans un système scolaire étranger. Je commence à entendre l'appel du pays et je me sens malheureux d'être à l'écart du cours classique québécois.

Après mon retour à Québec, en 1938, je ne sais plus du tout ce que je vais faire, sauf que je veux continuer à étudier. Je pourrais, comme l'a fait mon frère l'année précédente, entrer à la faculté des sciences de l'Université Laval, mais je n'en ai pas du tout le goût. Mon père m'incite à me lancer dans cette voie. Je lui dis que j'aimerais plutôt m'inscrire à la faculté de droit. Il me répond que, le cas échéant, il ne paiera pas mes frais de scolarité car tous les avocats sont des voleurs.

Je me sens pris dans un filet et ne vois aucune issue à ma situation. L'inquiétude et l'angoisse me gagnent, à une époque où je ressens la fatigue du surmenage auquel je me suis livré dans ma dernière année au collège St. Patrick. Je fais donc une dépression qui dure plusieurs mois, et même davantage.

Un jour, je lis dans *L'Action catholique* une nouvelle qui me fait bondir de joie. On y annonce la fondation de l'École des sciences sociales, qui sera dirigée par le père Georges-Henri Lévesque, dominicain. C'est le coup de foudre. J'en parle à mon père en lui disant que j'aimerais aller étudier à cette école. Sa réaction, pour dire le moins, est loin d'être enthousiaste. Cette nouvelle école ne lui dit rien de bon. Elle ne servira, dit-il, qu'à former des révolutionnaires.

Depuis quelques années, il m'arrive à l'occasion d'avoir des discussions avec mon père au sujet du nationalisme canadien-français. Il insiste fortement sur ma naïveté, me met en garde contre toute action susceptible de provoquer un ressac, bref s'emploie à modérer mes ardeurs. Ces échanges de vues se terminent toujours de la même façon. Souviens-toi, dit-il, que nous sommes et que nous serons toujours une minorité. Natif du petit village de Lefaivre, en Ontario, il ne manque jamais de me rappeler les malheurs que les francophones de cette province ont dû subir à cause de leurs luttes en faveur du français.

Son expérience de francophone ontarien minoritaire, son regret d'avoir dû remplacer son père sur la terre familiale au moment où il était sur le point d'accéder à la classe de rhétorique au séminaire de Sainte-Thérèse, sa condition de cheminot pas du tout emballé par son travail, enfin bien d'autres raisons, je présume, avaient fait de lui un homme défaitiste et sans défense. Je me suis juré que jamais je ne lui ressemblerais sur ce point. Je l'estimais énormément, cependant, en raison de sa bonté, de son esprit d'entraide et de sa grande charité.

Je lui sais gré de m'avoir, malgré ses réticences, laissé entreprendre des démarches en vue de mon inscription à l'École des sciences sociales. Je vais donc rencontrer le père Lévesque. Celui-ci me reçoit au couvent des Dominicains, à côté de l'église Saint-Dominique, le long de la Grande-Allée. Il dit qu'il est prêt à m'accepter comme étudiant à part entière, mais il me conseille de consacrer une année à faire l'équivalent des classes de belles-lettres et de rhétorique. Je serai ainsi, ajoute-t-il, mieux accepté par les autres étudiants qui, eux, ont presque tous fait leur cours classique.

Le père Lévesque m'informe peu de temps après qu'il m'a trouvé un professeur privé. Il s'agit d'Eugène Bussière, qui vient de s'inscrire lui-même à la nouvelle École des sciences sociales. Depuis plusieurs années, dans la région du Saguenay–Lac-Saint-Jean, celui-ci est devenu un spécialiste du cours classique. Il a ainsi l'habitude de préparer aux examens de ce cours des élèves qui ne sont pas inscrits dans un collège classique. Je me trouve donc entre bonnes mains.

Eugène Bussière habite à cette époque un appartement situé au dernier étage de la maison Kent, dans laquelle fut signée la capitulation de Québec. Plusieurs de ses confrères de la première promotion des sciences sociales s'y rassemblent assez souvent: Albert Faucher, Maurice Lamontagne, Jean-Charles Falardeau, etc. Quant à moi, je reprends goût à la vie. Je suis heureux de retrouver mes sources, mes racines, de me plonger dans l'atmosphère française et gréco-romaine dans laquelle ont baigné la plupart de ceux qui ont marqué la société québécoise de leur empreinte. Eugène Bussière est la personne qui a le plus contribué à me donner le goût et l'amour du français. Pendant cette année de «mon cours classique», je suis quelques cours à titre d'auditeur libre à l'École des sciences sociales. Parmi les professeurs que j'ai appréciés le plus, il y a Charles de Koninck, doyen de la faculté de philosophie, le père Georges-Henri Lévesque et le père Eischman, un dominicain allemand, qui donne un cours de philosophie sociale.

À la fin de l'année scolaire, après avoir réussi mes examens avec une note de 92,8 pour 100, je vais trouver le père Lévesque pour lui faire part de ce résultat et lui demander s'il est d'accord pour que je m'inscrive à l'École des sciences sociales. Il me répond qu'il est content de mes résultats d'examens et de l'ensemble de mon année scolaire, mais il m'indique que les étudiants en sciences sociales ont presque tous fait deux années de philosophie à la fin de leur cours classique. Il me propose donc de consacrer un an à l'étude de cette matière. Je suis un peu désappointé, mais j'accepte facilement sa suggestion.

Peu de temps après, le père Lévesque me met en rapport avec Arthur Tremblay, un nouvel étudiant en sciences sociales qui a besoin d'un petit revenu pour payer son loyer. Pendant toute l'année scolaire, je me rendrai donc tous les jours à la chambre d'Arthur Tremblay, rue Sainte-Ursule. Il me demande 12 $ ou 14 $ par mois, ce qui correspond en gros au prix de son loyer. Arthur Tremblay ne reçoit pas encore, à cette époque, comme on le voit, un salaire de sous-ministre ou de sénateur. En plus de travailler avec Arthur Tremblay, je suis encore des cours à l'École des sciences sociales à titre d'auditeur libre. À la fin de l'année universitaire ou l'année suivante, je me présente à l'examen de philosophie de Charles de Koninck et j'obtiens une note de 19,5 sur 20.

À l'automne 1940, je deviens étudiant à part entière à l'École des sciences sociales. J'y termine mes cours trois ans plus tard après avoir obtenu ma licence en sciences sociales. Après un court délai, je deviens employé du Conseil supérieur de la coopération, dont le père Georges-Henri Lévesque a été l'un des principaux organisateurs.

Speak White

PENDANT MON SÉJOUR AU COLLÈGE ST. PATRICK, à Ottawa, il m'arrive quelquefois d'aller patiner en plein air, pas très loin de la maison où habite mon oncle, Louis Charbonneau. Cette patinoire est située près du collège St. Patrick.

Un jour, je m'amuse sur cette patinoire avec un de mes cousins, Henri Charbonneau, et un ami de celui-ci. Nous sommes trois francophones au milieu d'une centaine d'anglophones. Quelqu'un nous dit: «Speak White.» C'est l'engueulade, puis la bagarre. Heureusement, aucun des trois francophones ne subit de gros dommages; le petit groupe peut même se flatter d'avoir bien combattu et d'avoir infligé quelques pertes à l'adversaire.

Des événements de ce genre ne sont pas rares. Mon cousin, Henri Charbonneau, me racontera plus tard que, lorsqu'il revenait de l'école française pour se rendre chez lui, il était souvent pourchassé par un groupe de jeunes anglophones de son âge qui fréquentaient une école anglaise. Il devait parfois engager le combat. Un jour, à l'occasion de l'une de ces échauffourées, il se fait casser une dent.

Quelques années plus tard, il participe à un congrès sur les minorités ethniques de l'Ontario. Un anglophone dont la francophilie est notoire déclare à cette occasion qu'il comprend les groupes minoritaires aussi bien que s'il était lui-même un membre de l'un de ces groupes. Mon cousin l'interpelle et lui pose une série de questions: s'est-il déjà fait casser une dent parce qu'il parlait anglais? Son père a-t-il déjà perdu un emploi parce qu'il était anglophone? A-t-il déjà été lâché publiquement au cours d'une danse par une partenaire parce que celle-ci venait d'apprendre qu'il était anglophone?, etc. Son interlocuteur ne pouvant répondre par l'affirmative à l'une ou l'autre de ces questions, mon cousin lui déclare qu'il ne pourra jamais comprendre vraiment les problèmes des minorités francophones au Canada.

«Cut the time»

AU DÉBUT DE LA DÉCENNIE 40, au moment où je suis étudiant à l'École des sciences sociales de l'Université Laval, je réussis à me trouver un emploi d'été à Forestville, sur la Côte-Nord. La compagnie Anglo-Canadian Pulp and Paper Mills y détient une concession forestière et fait de grands travaux afin de pouvoir expédier de là sa «pitoune» (billes de bois) par voie fluviale jusqu'à sa papeterie de la ville de Québec.

Forestville n'est alors, en définitive, qu'un nom sur une carte géographique. Près du fleuve Saint-Laurent, où se concentrent les travaux de l'«Anglo Pulp», il n'y a que quelques maisons pour les dirigeants du chantier, un immeuble de plus grandes dimensions pour loger les employés de bureau, deux magasins exploités par l'«Anglo» et des baraques pour les ouvriers.

Les dirigeants du chantier sont tous anglophones. À leur tête, il y a M. Butler, que plusieurs considèrent comme une «mère supérieure», surtout parce qu'il fait respecter avec une main de fer l'interdiction de consommer des boissons alcooliques à l'intérieur des limites du chantier. Son bras droit, qui en mène large dans la conduite des opérations sur le terrain, s'appelle M. Jones. C'est lui qui est mon patron direct.

Ma fonction est de contrôler les présences au travail. Deux fois par jour, le matin et l'après-midi, je fais la tournée des chantiers. Je coche le nom des personnes au travail, en indiquant le chantier auquel chacune d'elles est affectée. Parmi ces chantiers, il y a celui du chemin qui reliera le village au quai. Il y a ensuite le quai, où se feront le chargement et le déchargement des bateaux. On y enfonce des pilotis énormes, ce qui fait un bruit d'enfer. Il y a aussi la dalle, grâce à laquelle la «pitoune» sera acheminée par eau courante de la forêt au quai. Enfin, il y a la construction de maisons près du quai pour des familles qui viendront s'installer à Forestville au service de l'«Anglo-Pulp».

Je suis constamment frappé et choqué par la vigueur avec laquelle les dirigeants du chantier font ressortir concrètement les différences de statut entre certaines catégories de personnes qui travaillent à Forestville. Il va de soi que les dirigeants forment une classe à part. Quant aux employés de bureau, dont je fais partie, ils habitent un immeuble bien convenable et peuvent fréquenter le même magasin que les dirigeants; ils peuvent aussi manger à la même cantine. Les ouvriers, en revanche, sont traités comme du vulgaire matériel humain. On les appelle *the men* (les hommes), ce qui, dans l'ambiance existante et dans l'esprit de ceux qui les désignent ainsi, est un qualificatif dévalorisant. Les «hommes» sont en général des francophones. À une certaine période de l'été, il y a aussi, pour de courtes présences de deux à quatre semaines, des Montagnais. Il est interdit aux ouvriers (*the men*) d'aller au magasin réservé aux cadres et aux employés de bureau; ils n'ont pas le droit non plus de manger à la cantine des dirigeants et du personnel de bureau.

Un jour, un ouvrier subit un accident de travail: deux doigts coupés. Dans mon rapport de contrôleur des présences (*time keeper*), j'indique qu'il a été au travail pendant toute la journée, même si, bien entendu, il a dû quitter son poste pour aller se faire soigner. À la fin de la journée, M. Jones vient me trouver pour examiner mon rapport quotidien. C'est la première fois qu'il agit ainsi. Voyant que je n'ai pas tenu compte de l'absence de l'accidenté, qui a perdu deux ou trois heures de travail, il me dit sèchement: «Cut the time.»

La méthode «à Juneau»

AU COURS DE LA DEUXIÈME MOITIÉ DE LA DÉCENNIE 40, alors que je suis chef du secrétariat du Comité diocésain d'action catholique, il existe un groupe qui s'appelle *L'Action familiale*. Ce groupe ne fait pas officiellement partie de l'Action catholique diocésaine, mais quelques-uns de ses membres sont proches des autorités ecclésiastiques. D'autres ont leurs entrées dans l'Ordre de Jacques-Cartier, organisme clandestin très dynamique voué à la promotion des intérêts des Canadiens français. L'aumônier et, dans une très large mesure, l'âme de *L'Action familiale*, est le père Albert, capucin, qui fut pendant plusieurs années curé de la paroisse Saint-Charles de Limoilou. Quant à moi, je suis en quelque sorte le secrétaire du groupe.

L'un des moyens d'action privilégiés par *L'Action familiale* est le forum. Il s'agit d'une assemblée publique où l'on discute d'un thème à caractère religieux et familial. Ces forums sont organisés par *L'Action familiale* en collaboration avec le curé de la paroisse où se tient l'événement. Ils ont lieu la plupart du temps dans la salle paroissiale. Plusieurs curés ne les voient pas d'un très bon œil, car ils craignent des dérapages.

Le thème le plus souvent abordé est celui de la régulation des naissances. La question posée à cet égard se lit à peu près ainsi: «Vaut-il mieux avoir beaucoup d'enfants, au risque de ne pas avoir le temps de bien s'en occuper, ou seulement quelques-uns?» La plupart du temps, les forums attirent plusieurs centaines de personnes. C'est l'époque où il n'y a pas encore de télévision à Québec.

L'animateur, qui est un membre de *L'Action familiale*, a parfois du mal à faire participer les gens, surtout au début des réunions. Il faut donc noyauter la salle en y dispersant des complices. L'un de ceux-ci a pour mission de jouer le rôle de l'«avocat du diable». Il a le physique de l'emploi. Il scandalise parfois l'auditoire par des déclarations intempestives et volontairement maladroites, mais il se fait toujours répondre par quelqu'un qui expose la position officielle de l'Église.

La méthode Ogino-Knauss de limitation des naissances est souvent évoquée. Vers la fin de la réunion, un dénommé Arthur Juneau, entrepreneur-peintre qui deviendra par la suite conseiller municipal à Québec, se lève pour dire qu'il est le père de 14 enfants. Il conclut invariablement son intervention en disant: «Ne suivez pas la méthode Ogino, mais la méthode "à Juneau".»

Des fêtes chrétiennes et familiales

AU DÉBUT DE LA DÉCENNIE 40, beaucoup de salles de cinéma, d'hôtels, de centres récréatifs ou sportifs et d'autres endroits publics regorgent de clients qui viennent y passer une partie de la nuit pour fêter Noël et le jour de l'An. Plusieurs associations organisent aussi à cette occasion des fêtes nocturnes pour leurs membres. *L'Action familiale* décide de déclencher une campagne pour redonner à ces deux fêtes un caractère chrétien et familial.

L'Action familiale est un organisme très dynamique qui peut mobiliser beaucoup de monde et qui n'hésite pas à prendre les grands moyens pour parvenir à ses fins. Sa stratégie consiste à agir sans se mettre en évidence mais en faisant occuper le devant de la scène par d'autres intervenants. *L'Action familiale* adopte comme slogan pour sa campagne: «Des fêtes chrétiennes et familiales.»

On réussit à faire passer gratuitement ce slogan à la radio et dans certains journaux. On fait imprimer des affiches que l'on distribue dans les écoles et que l'on placarde sur les poteaux le long des rues. Le Conseil central des ligues de citoyens de Limoilou adopte des résolutions pour demander l'arrêt de ces *midnight shows*. Quelques articles sont publiés dans le journal *L'Action catholique*. À la suite d'une série d'appels dans les presbytères, plusieurs curés en parlent à la messe du dimanche.

Tout ce battage serait vain cependant si les propriétaires ou les directeurs des établissements visés continuaient à ouvrir leurs portes. On fait donc des démarches auprès des intéressés afin de les convaincre de fermer boutique à Noël et au jour de l'An. On prévoit une résistance acharnée de leur part, mais on découvre avec surprise que beaucoup d'entre eux ne demanderaient pas mieux que de fermer leurs portes afin de profiter, eux-mêmes et leur personnel, de ces congés. Leur attitude s'explique aussi par le fait que le vandalisme qui se déchaîne à l'occasion de ces soirées est cause de graves désordres et de dommages matériels importants. Plusieurs hésitent cependant à prendre la décision qu'ils souhaitent, soit parce qu'ils doivent la faire approuver par leurs supérieurs qui sont à la tête d'une chaîne d'établissements où cette habitude est bien ancrée, soit parce qu'ils craignent de mécontenter une bonne partie de leur clientèle ou de la perdre aux mains de certains concurrents.

On décide donc, à *L'Action familiale*, de recourir à des méthodes plus musclées pour faire fléchir ceux qui résistent encore. On invite le chef de police de la ville de Québec à intervenir pour faire comprendre aux intéressés qu'il y va de leur intérêt d'emboîter le pas afin de ne pas prêter le flanc à des enquêtes qui pourraient les embêter. Le chef de police intervient effectivement. Le rédacteur en chef du journal *L'Action catholique* présente cette intervention de la manière suivante, le 21 décembre 1946: «Comment ne pas signaler aussi l'appel du chef de police de Québec qui a invité les gérants ou propriétaires de salles de cinéma et le public en général à ne pas organiser de *"Midnight shows"*?»

La campagne commence en douce en 1945. Elle connaît un essor fulgurant en 1946 et culmine en 1947 avec un résultat presque parfait. Comme il le fait uniquement dans les grandes occasions, le docteur Louis-Philippe Roy, rédacteur en chef de *L'Action catholique*, y va de son petit mot en caractères gras dans la première colonne de la dernière page. En 1946, il intervient six fois à ce sujet. Il annonce que les cinémas Victoria, Cambrai, Princess, Rialto et Impérial ont supprimé leurs spectacles de nuit de Noël et du jour de l'An. La direction du Palais Montcalm refuse de louer ses locaux à de telles fins. L'Association sportive des employés civiques et le «groupement des employés civils» renoncent à leurs projets de spectacles de nuit à l'occasion de ces deux fêtes. Le docteur Louis-Philippe Roy informe ses lecteurs que «d'autres organisations se disent dans l'impossibilité d'interrompre les organisations en cours mais... promettent de ne pas recommencer l'an prochain».

En décembre 1947, le rédacteur en chef de *L'Action catholique* affirme que «le nombre de ces spectacles sera très limité cette année, si même il y en a».

En définitive, le résultat visé par *L'Action familiale* en 1945 est atteint. Ce qui semblait être une institution incontournable, c'est-à-dire les *midnight shows* à l'américaine à l'occasion de Noël et du jour de l'An, disparaît presque complètement. La situation restera stable pendant longtemps par la suite.

Dans la cour de l'abbé David Lambert

L ORSQUE JE SUIS CHEF du secrétariat du Comité diocésain d'action catholique de Québec, de 1945 à 1949, le directeur diocésain est monseigneur Georges-Léon Pelletier, évêque auxiliaire, et le directeur adjoint est l'abbé David Lambert. Ma secrétaire s'appelle Madeleine Robitaille.

Un jour, monseigneur Pelletier vient visiter l'immeuble qui abrite le journal *L'Action catholique* et plusieurs mouvements d'action catholique, notamment la JOC et la JOCF (Jeunesse ouvrière catholique et Jeunesse ouvrière catholique féminine), la JEC et la JECF (Jeunesse étudiante catholique et Jeunesse étudiante catholique féminine), la JAC et la JACF (Jeunesse agricole catholique et Jeunesse agricole catholique féminine). Cet immeuble est situé près de la gare du Palais.

Monseigneur Pelletier se rend compte qu'en marchant dans les grands corridors on ne peut pas voir les personnes qui travaillent dans les bureaux. Or il s'agit de garçons et de filles. Il faut donc corriger cet état de choses. Peu de temps après, on fait installer du verre transparent pour remplacer le verre opaque qui a servi de mur jusque-là. Désormais, en se promenant dans les corridors, on pourra voir tous ceux qui travaillent dans les bureaux: les jeunes qui s'y trouvent sauront qu'on les a à l'œil.

Peu de temps après, l'abbé David Lambert insiste pour que ma secrétaire et moi prenions notre pause-café ensemble dans son bureau. Le bureau où ma secrétaire et moi sommes installés est pourtant voisin du sien et n'en est séparé que par une cloison transparente qui lui permet depuis toujours de nous voir à tout moment. À l'occasion d'une conversation avec monseigneur Pelletier, je lui fais remarquer à ce sujet que je suis un nouveau marié, que j'aime ma femme et qu'il n'existe aucun danger de flirt entre ma secrétaire et moi. Il ne change pas pour autant sa décision. Madeleine Robitaille et moi en prenons acte: désormais, notre récréation consistera à aller jouer dans la cour de l'abbé Lambert.

Duplessis et la tempérance

Jusqu'à la Révolution tranquille, la cause de la tempérance a toujours mobilisé de nombreux Québécois et suscité des croisades. Dans beaucoup de foyers et le long des chemins à la campagne, il y a des croix noires de la tempérance.

À l'époque où je suis chef du secrétariat du Comité diocésain d'action catholique de Québec, c'est-à-dire pendant la deuxième moitié de la décennie 40, une importante délégation décide d'aller rencontrer le premier ministre Maurice Duplessis afin de l'inciter à être plus sévère dans l'octroi des permis de vente de «boissons» (alcooliques). Cette délégation, dirigée par un évêque, comprend près d'une centaine de personnes.

Tous ces gens doivent s'entasser dans l'antichambre du bureau du premier ministre et se répandre en partie dans le corridor car le «chef» n'est pas encore prêt à les recevoir. Après une attente qui ressemble à une éternité, Maurice Duplessis daigne enfin laisser la délégation entrer dans son bureau. L'air bourru, il rudoie ceux qui osent ainsi le déranger. Un silence embarrassé s'installe. L'atmosphère est lourde. Le «chef» demande alors ce qu'on a à lui dire et enjoint au porte-parole du groupe, s'il y en a un, de s'exécuter rapidement.

Le pauvre évêque qui est là ramasse ses papiers et commence, avec une voix tremblotante et des mains qu'il a du mal à maîtriser, à exposer l'ampleur du problème de l'intempérance et à réclamer plus de rigueur dans l'octroi des permis de vente. Après avoir écouté avec un air agacé et distrait, Maurice Duplessis se lance dans une diatribe où se mêlent ironie, menaces et leçon de théologie. Vous autres les curés, dit-il, commencez donc par vous mettre d'accord. Vous me demandez de retirer des permis de vente de boissons alcooliques, mais toutes les semaines je reçois des appels de curés qui me demandent de faire le contraire, car autrement je priverais de leur principal gagne-pain des pères de familles nombreuses. Il se lance ensuite dans un cours de religion abracadabrant. Il y a, dit-il, le Sacré-Cœur et la Sainte Vierge, l'un qui représente la justice et la sévérité, l'autre, la miséricorde. Dans l'application de la loi, ajoute-t-il, je dois faire de même: dans certains cas, il faut être dur; dans d'autres, il faut faire preuve de miséricorde.

Après avoir ainsi apostrophé ceux qui sont venus l'importuner, il demande si quelqu'un a encore quelque chose à dire. Personne n'osant prendre sur-le-champ la parole, ne serait-ce que pour rectifier son interprétation du rôle du Sacré-Cœur et de la Sainte Vierge, il s'empresse de déclarer que la rencontre est terminée. Dans la délégation qui vient d'être ainsi éconduite, il ne se trouve personne qui a envie de pavoiser ou de recommencer l'exercice.

Mon premier chauffeur de taxi à Paris

L E 29 AOÛT 1950, je m'embarque à Québec à destination de la France avec mon épouse et mes deux enfants, Christian et Daniel, âgés respectivement de cinq et de deux ans. Nous passerons une année en France, ce qui me permettra de faire ma scolarité de doctorat à la faculté de droit et des sciences économiques de l'Université de Paris.

Au quai de l'anse au Foulon, à Québec, de nombreux parents et amis assistent à mon départ. Vu que je travaille au Département des relations industrielles de la faculté des sciences sociales depuis un an, on y trouve quelques représentats de cette institution, dont le père Georges-Henri Lévesque, qui en est le fondateur et le doyen. Il y a aussi des personnes du Mouvement Desjardins, notamment Alfred Rouleau et Paul-Émile Charron, avec qui j'ai travaillé récemment à l'occasion d'un congrès international du crédit populaire. Ce rassemblement coïncidait avec les fêtes du cinquantième anniversaire de fondation de la première caisse populaire.

À cette époque, les paquebots de la ligne CUNAR partent de Montréal et prennent des passagers à Québec, mais sans y accoster. C'est un traversier, qui fait normalement la navette entre Québec et Lévis, qui embarque les voyageurs au quai de l'anse au

Foulon et va les conduire au paquebot, au milieu du fleuve Saint-Laurent.

Après une traversée d'une dizaine de jours à bord du *Scythia*, nous arrivons au Havre. Nous montons dans le train qui nous emmène à Paris, à la gare Saint-Lazare. La première personne à qui je m'adresse est un chauffeur de taxi. Malgré mes faibles moyens financiers, je dois absolument prendre un taxi pour me rendre à mon appartement, car mon épouse et moi transportons beaucoup de bagages.

Notre appartement est situé à Fontenay-sous-Bois, dans la banlieue est de Paris. C'est Arthur Tremblay, qui est dans la région parisienne depuis un an et qui habite en bordure du bois de Vincennes, qui nous l'a retenu. Le chauffeur de taxi parle beaucoup, et nous fait passer près de certains des principaux monuments de Paris. Pointant l'Assemblée nationale, il nous dit: «Voici le plus grand cirque de France.» Mon épouse et moi nous réjouissons de pouvoir ainsi visiter dès notre arrivée certains coins de Paris, cette ville que nous avions tellement hâte de voir. Nous nous amusons de la verve de notre chauffeur mais nous ne pouvons nous empêcher de penser au coût probablement très élevé de cette course en taxi.

Une fois rendus à destination, nous trouvons que le prix à payer correspond en gros à celui qui nous aurait été facturé à Québec. On nous avait pourtant dit que les courses en taxi à Paris coûtaient beaucoup moins cher qu'à Québec. Je donne donc au chauffeur, sans acrimonie mais sans enthousiasme non plus, la somme indiquée au compteur et un pourboire.

Le lendemain, la propriétaire de notre appartement vient m'informer qu'un chauffeur de taxi est à la porte et demande à me voir. Celui-ci me dit en substance qu'après m'avoir laissé à Fontenay-sous-Bois, la veille, il a fait faire une course de routine à l'un de ses clients habituels. Il s'est aperçu à cette occasion que son compteur était détraqué puisque la somme indiquée était beaucoup plus importante que d'habitude. Il vient donc me remettre la moitié de ce que je lui ai donné la veille. Je tiens à noter que

Fontenay-sous-Bois est une localité située à plusieurs kilomètres du centre-ville de Paris.

Je fais ma première course de taxi, à Londres, en 1962, en compagnie de Marcel Pepin, qui est à ce moment secrétaire général de la Confédération des syndicats nationaux. Marcel Pepin est membre du Conseil national de la productivité; quant à moi, je suis un salarié de cet organisme. Au moment de quitter la voiture, le chauffeur nous indique que le prix de la course est de neuf shillings. Marcel Pepin lui donne — j'en suis témoin — un billet d'une livre sterling, ce qui correspond à vingt shillings. Le chauffeur lui remet un shilling seulement au lieu de onze. Marcel Pepin lui fait remarquer qu'il ne lui a pas donné un billet de dix, mais bien de vingt shillings. Une discussion s'ensuit au cours de laquelle chacun maintient fermement sa position, le chauffeur de taxi continuant à soutenir que son client lui a fourni un billet de dix shillings seulement. Je ne puis, à cette occasion, m'empêcher de penser à mon premier chauffeur de taxi à Paris.

«Vous allez avoir de mes nouvelles»

Dᴇ 1951 à 1961, je suis conciliateur au ministère du Travail du Québec. Le conciliateur est un fonctionnaire chargé de tenter un règlement à l'amiable à l'occasion de différends qui opposent employeurs et syndicats ouvriers. Son intervention est un passage obligé dans le processus de négociation avant que le syndicat des travailleurs ait droit à l'arbitrage. Le conciliateur s'occupe aussi bien des réclamations (griefs) découlant de l'interprétation ou de l'application d'une convention collective de travail que des négociations en vue de la conclusion d'une convention collective.

Un jour, je suis désigné par mon directeur de service, Noël Bérubé, pour me rendre en Abitibi. Il y a là un conflit entre la compagnie minière Molybdenite Corporation of Canada Limited et le syndicat des Métallurgistes unis d'Amérique (United Steelworkers of America, «local» 5358). La réunion a lieu le 2 août 1956. Arrivé bien avant l'heure fixée aux bureaux de la compagnie, où la séance de conciliation doit avoir lieu, quelle n'est pas ma surprise de voir apparaître Ernest Laforce, président tout-puissant de la Commission du service civil et collaborateur privilégié du premier ministre Duplessis. J'apprends qu'il est le vice-président de la compagnie Molybdenite. Il me demande de venir causer avec lui dans un petit bureau à l'écart.

Il commence par me dire qu'il a vu le ministre du Travail, la veille, et qu'il lui a fait des recommandations à mon sujet. Il ajoute que j'ai un bon dossier, que l'affaire des augmentations de salaires des conciliateurs est sur le point d'aboutir et que j'aurai de bonnes nouvelles à ce sujet prochainement. Je n'en crois pas mes oreilles. Un procédé aussi éhonté est tellement inimaginable que j'ai du mal à croire ce qui se passe. Je réussis cependant à ne pas laisser déborder ma colère.

Dès l'ouverture de la séance de conciliation, le porte-parole de la compagnie déclare que celle-ci est prête à négocier une convention collective avec «ses» ouvriers, mais qu'elle refuse de le faire aussi longtemps que le syndicat choisira comme porte-parole un étranger, c'est-à-dire quelqu'un qui ne travaille pas à la mine. Cet «étranger» est un «permanent» des Métallurgistes unis d'Amérique. On ajoute qu'il n'est pas qualifié pour représenter les employés parce qu'il n'est pas un avocat.

Au bout d'un certain temps, étonné par une telle attitude, car c'est la première fois depuis plusieurs années qu'une situation comme celle-ci se présente à moi, je ne puis m'empêcher de prendre clairement position. J'affirme que la loi oblige la compagnie à négocier de bonne foi avec le syndicat ouvrier et j'insiste sur le fait que celui-ci est libre de choisir son représentant.

Une autre séance de conciliation a lieu la semaine suivante, le 9 août. Avant le début de la rencontre, Ernest Laforce vient me rencontrer de nouveau et, en présence du président de l'entreprise, Paul Ranger, dit à mon sujet: «On lui donne une augmentation de 700 $.» Dans une lettre en date du 16 août 1956, le ministre du Travail, Antonio Barrette, m'annonce effectivement que mon salaire est augmenté de 700 $, ce qui le porte à 4200 $. Au cours de la séance de conciliation du 9 août, les pourparlers ne progressent pas. Le porte-parole des ouvriers informe les personnes présentes qu'il est toujours disponible pour d'éventuelles négociations mais qu'il s'absentera prochainement pour des vacances en Floride. Il indique en même temps les dates de son absence.

Quelques semaines plus tard, mon directeur de service m'apprend qu'Ernest Laforce a convoqué une séance de conciliation en Abitibi et me demande de m'y rendre. C'est la première fois, selon moi, qu'une séance de conciliation est convoquée par une des parties à un conflit et non par le Service de conciliation et d'arbitrage. Je me souviens des dates des vacances du représentant des Métallurgistes unis d'Amérique et je constate que la séance de conciliation convoquée par Ernest Laforce aurait lieu, le cas échéant, en l'absence du porte-parole syndical. Furieux, je refuse obstinément de me rendre en Abitibi. La séance de conciliation n'aura pas lieu.

Au moment où la séance de conciliation doit commencer, le 13 septembre, Ernest Laforce appelle mon directeur de service et lui demande de me faire venir au téléphone. Il me dit que c'était mon devoir d'être présent au bureau de la mine aujourd'hui et que, en conséquence, il ferait rapport au ministre du Travail à mon sujet le lendemain. Il termine en disant: «Vous allez avoir de mes nouvelles.»

Ernest Laforce ne participera plus par la suite au processus de la conciliation. Une séance a lieu le 25 octobre. Le même jour, la Commission de relations ouvrières adresse à la compagnie une mise en demeure de négocier. Le 13 décembre, à l'occasion d'une dernière séance, les parties s'entendent sur toutes les questions en litige et le différend est définitivement réglé.

Ernest Laforce ne renonce pas pour autant à mettre sa menace à exécution. Les conciliateurs attendront longtemps avant de recevoir leur prochaine augmentation de salaire. Jusqu'à maintenant, ces augmentations étaient accordées chaque année. Cette fois, il faudra attendre 32 mois. Le 19 janvier 1959, à la demande des autorités du ministère, qui veulent faire débloquer l'impasse, je signe une déclaration sous serment (affidavit) en présence de Noël Bérubé, directeur du Service de conciliation et d'arbitrage, afin de préciser officiellement ce qui s'est passé entre Ernest Laforce et moi. En avril 1959, enfin, le ministre du Travail écrit aux conciliateurs pour leur faire part de leur nouvelle augmentation.

Bilinguisme obligatoire
pour un gardien de barrière

L E DIRECTEUR du Service de conciliation et d'arbitrage du ministère du Travail du Québec me confie un jour un étrange dossier. Le président du syndicat des travailleurs de la compagnie Shawinigan Chemicals Ltd., à Shawinigan, désire obtenir le poste de vigile (gardien de barrière). Celui-ci est chargé de contrôler les allées et venues des personnes qui entrent sur le terrain de la compagnie ou qui en sortent.

L'employeur exige du titulaire de ce poste la connaissance de l'anglais. Dans la ville de Shawinigan, qui est francophone dans une proportion qui frise les 100 pour 100, le syndicat estime que cette condition d'emploi est exagérée et disproportionnée. Le président du syndicat ouvrier, Maurice Laurence, est francophone et ne parle pas l'anglais. Les pourparlers entre la compagnie et le syndicat n'ayant pas abouti, celui-ci demande l'intervention d'un conciliateur du ministère du Travail avant de soumettre le différend, le cas échéant, à un arbitre qui tranchera l'affaire et dont la décision sera sans appel.

La compagnie et le syndicat sont représentés chacun par plusieurs personnes à la séance de conciliation. Le porte-parole de l'employeur, Doug Scott, est le directeur du personnel. Né à Shawinigan, il ne parle pas un mot de français. Le personnel de l'usine est pourtant presque entièrement francophone. Les deux parties exposent leur point de vue et échangent leurs arguments. La partie patronale ne s'exprime qu'en anglais; quant au porte-parole du syndicat, il parle d'abord en français, puis traduit ses propos pour le compte des représentants de la compagnie, dont plusieurs ne connaissent pas cette langue.

Pendant un certain temps, je me borne à écouter avec étonnement le porte-parole de la compagnie et à me demander si l'action qui se déroule devant moi relève de la réalité ou de la fiction. Enfin, je me révolte et j'insiste sur le caractère loufoque de la situation. M'adressant à Doug Scott, je lui dis que si jamais il perd son emploi, parce qu'en effet il n'est pas bilingue, il ne pourra même pas aspirer au poste de vigile.

Inutile de dire que la séance de conciliation prend fin abruptement. Au cours des quelque douze mois suivants, le directeur du Service de conciliation et d'arbitrage ne me confie plus aucune mission à Shawinigan.

«Le temps d'un fonctionnaire ne compte pas», André Dolbec

AU DÉBUT DE LA DÉCENNIE 60, il existe au Québec une directive du Conseil de la trésorerie qui oblige tout fonctionnaire à utiliser les services d'une entreprise de transport en commun, chaque fois que la chose est possible, lorsqu'il doit se déplacer dans l'exercice de ses fonctions. On veut ainsi réaliser des économies, car l'utilisation d'un véhicule personnel coûte cher au gouvernement.

Un jour, un fonctionnaire du Service de conciliation et d'arbitrage, à Québec, se sert de son automobile pour effectuer des déplacements dans la ville et la banlieue de Québec. Il fait cela au cours de la même journée. On refuse de le défrayer de ses dépenses parce qu'il n'a pas respecté la directive administrative qui porte sur les déplacements.

Le directeur du service, Noël Bérubé, fait enquête et arrive à la conclusion que le fonctionnaire visé aurait mis deux jours et demi au lieu d'un seul à faire son travail s'il n'avait pas utilisé sa voiture personnelle. Il en conclut que le gouvernement a ainsi économisé une journée et demie de salaire, ce qui représente une somme plus élevée que la différence de prix entre des billets d'autobus et des frais d'automobile.

La réponse d'André Dolbec, contrôleur de la trésorerie, est la suivante: «Le temps d'un fonctionnaire ne compte pas.»

Sans bureau et sans sténodactylo

COMME ON L'A VU DÉJÀ, je deviens conciliateur au ministère du Travail en 1951. Pour obtenir ce poste, je dois me soumettre à une formalité qui est de rigueur à cette époque où le duplessisme est en pleine floraison. Il faut en effet que j'obtienne une lettre de recommandation de mon député. Celui-ci, Joseph Matte, connaît bien mon père car tous deux ont été cheminots. Il n'hésite donc pas à me fournir la lettre que je lui demande, mais il ignore peut-être que je suis un diplômé de la faculté des sciences sociales et que j'entretiens d'étroites relations avec cette institution.

Pendant la décennie 50, Maurice Duplessis ne manque aucune occasion et ne néglige aucun moyen de faire payer à la faculté des sciences sociales ce que celle-ci lui a fait «endurer», notamment à l'occasion de la fameuse grève de l'amiante de 1949. On sait qu'il s'acharne, souvent de façon mesquine et systématique, contre tous ceux qui osent lui tenir tête. Dans le cas de la faculté des sciences sociales, son hostilité, qui se conjugue avec son penchant naturel à l'immobilisme en matière sociale, va plus loin que d'habitude.

Il lui porte un premier coup en supprimant la subvention annuelle que le gouvernement d'Adélard Godbout lui accorde depuis 1943. Sa hargne devient particulièrement virulente à l'égard du Département des relations industrielles après les élections générales de juin 1956 qui reportent l'Union nationale au pouvoir. Le

6 août 1956, en effet, l'abbé Gérard Dion, membre de l'équipe professorale de ce département, publie dans le journal *Le Devoir* un article retentissant dans lequel il stigmatise les mœurs électorales du parti politique dirigé par Maurice Duplessis. Cet article est signé aussi par Louis O'Neil.

Peu de temps après, le ministère du Travail coupe tous les abonnements qu'il payait depuis quelques années au nom de certains de ses fonctionnaires à la revue *Relations industrielles*. Cette revue est publiée par le Département des relations inductrielles. Les autorités du ministère du Travail cessent également de payer les frais d'inscription qui permettent, depuis plusieurs années, à un grand nombre de ses fonctionnaires de participer au congrès annuel organisé par ce département. Elles vont jusqu'à interdire expressément aux conciliateurs de Québec d'assister au congrès de 1959. Voici le texte de l'avis affiché à cet effet dans les bureaux de Québec, à l'édifice Garneau, au coin de la rue de la Couronne et du boulevard Charest:

> Avis au personnel
>
> Veuillez prendre note que personne du Service de Conciliation et d'Arbitrage, District de Québec, n'est autorisé à assister au congrès des relations industrielles de Laval, les 20 et 21 avril 1959.
>
> Le Directeur

Il va sans dire que cette interdiction n'a pas plus d'effet sur moi que l'eau qui coule sur le dos d'un canard. Depuis quelques années, je collabore avec la direction de la revue *Relations industrielles*. En septembre 1956, j'y publie un premier article intitulé: «La mise à pied met-elle fin à l'emploi?» Je rédige aussi plusieurs recensions. En avril 1958, janvier 1959 et octobre 1959, la revue fait paraître trois autres de mes articles qui portent sur le partage des profits. En juillet 1959, dans la section *Commentaires*, je publie un autre texte intitulé: «Le rapport de la commission d'enquête sur les relations du travail de la Législature de l'Ontario.» Dans cet article, je traite notamment de la conciliation et de l'arbitrage, des congédiements pour activité syndicale, de l'arbitrage des griefs, de l'industrie de la construction, de la certification ou accréditation, de la sécurité syndicale, du piquetage, de la grève et du contrôle des affaires des syndicats. J'en profite pour suggérer des modifications à la législation québécoise dans certains de ces domaines.

Au cours de l'année 1959, bien avant la mort de Maurice Duplessis — qui survient dans la nuit du 6 au 7 septembre 1959 —, j'accepte l'invitation de l'abbé Gérard Dion à donner le cours sur la convention collective de travail au Département des relations industrielles. Je donnerai effectivement ce cours à partir de septembre 1959 jusqu'en 1965.

L'attitude de Maurice Duplessis en matière sociale, mais surtout son antipathie viscérale à l'égard des intellectuels, l'amène notamment à laisser en veilleuse le Conseil supérieur du travail. Cet organisme, créé en 1943 par le gouvernement d'Adélard Godbout et formé de représentants patronaux, de délégués des centrales ouvrières et de quelques universitaires, fait un travail relativement fructueux jusqu'en 1953, année au cours de laquelle il approuve le texte législatif d'un futur code du travail. Ce document est mis au rancart par le «grand chef». Ses conclusions, en effet, s'éloignent considérablement du projet de loi n° 5 du début de 1949 qui reflétait la pensée de Maurice Duplessis mais que celui-ci dut retirer à cause de l'opposition générale qu'il souleva. Jusqu'à la mort de Maurice Duplessis, le Conseil supérieur du travail est en état d'hibernation, ce qui ne manque pas de chagriner Antonio Barrette, le ministre du Travail.

Au cours des dernières années du règne de Maurice Duplessis, Antonio Barrette n'entretient pas de très bonnes relations avec son chef. Il ne se présente pas souvent à son bureau. À l'occasion de certains conflits patronaux-ouvriers, Maurice Duplessis ne se gêne pas pour traiter directement avec le sous-ministre adjoint, Donat Quimper, laissant de côté le ministre Barrette et le sous-ministre Gérard Tremblay. Celui-ci a eu le tort d'être le directeur du Département des relations industrielles de la faculté des sciences sociales à l'Université Laval au cours des premières années de ce département. Péché capital!

Après la mort de Maurice Duplessis, la rumeur veut qu'Antonio Barrette ressuscite le Conseil supérieur du travail. Je me mets en rapport avec lui pour lui indiquer que je serais heureux, le cas échéant, de devenir le secrétaire du Conseil. Le Conseil supérieur du travail est effectivement reconstitué en vertu du décret n° 260 en date du 2 mars 1960. Le 20 avril 1960, en vertu d'un «arrêté ministériel» (décret), je deviens le secrétaire du nouveau Conseil supérieur du travail, tout en continuant à agir comme conciliateur au ministère du Travail. J'avais commencé dès le mois précédent à occuper mes nouvelles fonctions.

Le nouveau Conseil se réunit pour la première fois le 29 mars 1960. Je me souviens des effusions du ministre Antonio Barrette lorsqu'il se présente à cette réunion. Il a visiblement souffert de la longue inaction de cet organisme et il n'en finit plus de dire à l'un et à l'autre: «Il y a longtemps qu'on ne s'est pas vu.»

Après l'arrivée au pouvoir du Parti libéral du Québec en 1960, le Conseil continue son activité et se concentre sur la préparation d'un code du travail. Le successeur d'Antonio Barrette, René Hamel, est présent à la deuxième réunion du Conseil, le 1er septembre 1960.

La reconstitution du Conseil supérieur du travail n'est pas accompagnée, malheureusement, d'une intendance suffisante. Après une année de fonctionnement, j'en fais longuement état dans le projet de rapport annuel. Voici en gros ce que j'écris à ce sujet dans un texte qui est soumis aux membres du Conseil, le 12 mai 1961:

> Le secrétariat du Conseil supérieur, c'est le bureau du conciliateur, M. Gaston Cholette.

> Il n'y a aucune sténo-dactylo qui est régulièrement affectée au secrétariat du Conseil. Le secrétaire fait exécuter son travail par le personnel du Service de conciliation et d'arbitrage. Exceptionnellement, une sténo-dactylo a été prêtée au Conseil du 12 au 27 avril 1961 afin de copier les textes du projet de code du travail.

> Le secrétaire n'a eu ni le temps ni les moyens de faire lui-même systématiquement ou de diriger des travaux de recherches. Il a dû utiliser ses loisirs et ses moyens personnels à cette fin.

Les dossiers de l'ancien Conseil supérieur sont dans les voûtes du Ministère du Travail, dans des classeurs et des boîtes de carton. Quelques-uns ont été légèrement affectés par la fumée lors du récent incendie à l'édifice A du gouvernement.

À cause de leur caractère confidentiel, le secrétaire garde chez lui les dossiers du nouveau Conseil. Les serviettes personnelles du secrétaire constituent ainsi le classeur temporaire et portatif du Conseil supérieur du travail.

[...] La bibliothèque du ministère du Travail a déjà relevé, il y a une dizaine d'années, du secrétaire du Conseil supérieur du travail. Celui-ci était assisté d'une bibliothécaire et d'une sténo-dactylo.

Lorsque le Conseil supérieur a été reconstitué en mars 1960, la bibliothèque avait été transférée dans la cave d'une maison de la Grande-Allée, en face de l'édifice A (adresse: 835, Grande-Allée est). Elle est à l'abandon. Les journaux et revues sont empilés, lors de leur arrivée, dans des boîtes de carton qui sont transférées dans la cave lorsqu'elles sont pleines.

J'ajoute ici que cette cave était très humide et que l'eau dégouttait du plafond à certains endroits. Après la lecture du projet de rapport annuel, il est proposé par Jean Marchand, appuyé par J. R. Latter et résolu unanimement que le rapport annuel soit adopté en supprimant toutefois la partie qui a trait au secrétariat et à la bibliothèque. Immédiatement après, il est proposé par Roger Provost, appuyé par Fernand Girouard et résolu unanimement que la partie du rapport annuel qui traite du secrétariat et de la bibliothèque fasse l'objet d'une lettre officielle du Conseil au ministre du Travail afin que celui-ci apporte immédiatement les corrections qui s'imposent. À la tête du ministère, ce texte a l'effet d'une douche d'eau froide et crée de gros remous.

La situation du secrétariat ne s'améliorera pas pour autant avant plusieurs mois, après beaucoup de rebondissements et même une crise majeure qui sera largement médiatisée. Cette crise survient le 13 septembre, lors d'une réunion du Conseil supérieur. À cette occasion, les membres devaient avoir en main les résultats des travaux que la Commission permanente (du Conseil supérieur) avait effectués depuis le 1er mai 1961. Vu que ces résultats ne sont pas tapés à la machine, les membres décident à l'unanimité d'ajourner la réunion et de la reprendre les 5 et 6 octobre.

Le lendemain, le journal *La Presse* et *Le Nouveau Journal* font largement état de cette affaire. On y parle d'ultimatum au ministre et de grève. Piqué au vif, le ministre René Hamel décide de faire une enquête.

Voici en gros ce que je lui écris dans une lettre qu'il lit en ma présence le 17 octobre 1961[1]. Depuis plusieurs mois, j'ai demandé en vain à de nombreuses reprises qu'une sténodactylo soit affectée régulièrement au Conseil. Depuis que cet organisme a été reconstitué, en mars 1960, c'est le directeur du Service de conciliation et d'arbitrage à Québec, Noël Bérubé, qui est, en réalité, le chef du secrétariat du Conseil. Il a toujours fallu en effet que je m'adresse à lui pour obtenir les services d'une sténodactylo.

Au printemps 1961, lorsque le Conseil m'a demandé de faire taper à la machine à écrire le volumineux projet de code du travail élaboré par sa commission permanente, j'ai essuyé plusieurs fois un refus de la part de Noël Bérubé. Je me suis adressé au Service du personnel du ministère du Travail et même au sous-ministre, Gérard Tremblay. Peine perdue. Il a fallu l'intervention du président de la Commission permanente, Jean-Marie Martin, pour que j'obtienne enfin, au milieu d'avril, les services d'une sténodactylo. Celle-ci, une fois le projet de code du travail mis au propre, n'est pas restée cependant au service du Conseil.

La situation redevenait alors ce qu'elle était depuis un an. Le 4 mai 1961, au cours d'une réunion de la Commission permanente, Jean Marchand se fait le porte-parole de ses collègues pour demander au sous-ministre adjoint, Donat Quimper, d'affecter régulièrement une sténodactylo au Conseil supérieur ou, au moins, d'accorder au secrétaire de cet organisme un droit prioritaire aux services d'une sténodactylo. Donat Quimper acquiesce à cette demande et promet de régler le problème le jour même. Cette promesse n'a jamais été remplie.

---

1. L'annexe 1 reproduit intégralement le texte de cette lettre.

Dans ma lettre au ministre René Hamel, je décris ce qui se passe lorsque je veux faire exécuter des travaux pour le Conseil par le secrétariat du Service de conciliation et d'arbitrage. Presque chaque fois que j'en fais la demande, Noël Bérubé me répond que je l'embarrasse, que son personnel féminin est surchargé de travail, qu'il en a assez de faire exécuter des travaux pour le Conseil supérieur, que je devrais «leur» dire qu'il est «écœuré» de tout ça, etc. En somme, chaque fois que j'ai du travail à confier à une sténodactylo, il faut que je négocie, que j'explique le degré d'urgence de mes demandes. Bref, j'arrive toujours comme un chien dans un jeu de quilles.

Au milieu du mois d'août 1961, le Conseil termine la révision du projet de code du travail qui a été préparé au printemps par sa commission permanente. On me demande de faire retaper le document en tenant compte de toutes les modifications qui lui ont été apportées. Il s'agit d'un texte, à simple interligne, de 30 pages. J'informe la Commission permanente qu'il m'est impossible, dans les conditions existantes, de faire exécuter ce travail. La Commission confie donc au président du Conseil, Paul Lebel, et à Roger Provost, président de la Fédération des travailleurs du Québec, la tâche de rencontrer le ministre à ce sujet. Cette rencontre a lieu le 17 août mais n'a aucune suite. Lorsque les membres du Conseil se réunissent, le 13 septembre 1961, ils n'ont donc pas en main le projet de code du travail révisé, ce qui explique l'ajournement spectaculaire et largement médiatisé de cette réunion.

Je termine ma lettre du 17 octobre au ministre René Hamel en soulignant le fait que depuis le 18 septembre, date de l'affectation d'une sténodactylo au Conseil supérieur, les travaux du Conseil ne subissent plus aucun retard. Il en aurait toujours été ainsi dans le passé si j'avais eu un droit prioritaire à une sténodactylo.

Le fin fond de toute cette histoire de secrétariat, c'est une affaire de mauvaises relations entre le sous-ministre adjoint du Travail, Donat Quimper, et moi. L'attitude de Donat Quimper à mon endroit est loin d'être cordiale au cours des dernières années de la décennie 50, mais elle empire après ma nomination au poste de secrétaire du Conseil supérieur du travail. En voici la raison.

À une époque où il occupe un poste important à la Confédération des syndicats nationaux[2] et s'attend à devenir ministre du Travail dans le gouvernement Lesage à l'occasion des prochaines élections générales, Jean Marchand me demande si j'accepterais, le cas échéant, de devenir son sous-ministre. Il n'a évidemment pas le goût de choisir Donat Quimper. Je lui réponds par l'affirmative.

Il faut dire ici que Jean Lesage avait essayé d'amener Jean Marchand dans la vie politique avant les élections générales de 1960. Jean Marchand n'avait pas accepté, mais plus tard avait changé d'idée. Ses aspirations et les miennes étant connues par plusieurs à l'intérieur du ministère, le sous-ministre adjoint, Donat Quimper, qui ambitionne de succéder au sous-ministre Gérard Tremblay, alors près de la retraite, me met constamment des bâtons dans les roues. Il lui est facile de jouer ce rôle car il est le supérieur direct de Noël Bérubé, qui dirige le Service de conciliation et d'arbitrage à Québec. Le sous-ministre Gérard Tremblay, quant à lui, ne s'occupe guère plus à cette époque que de la Loi de la convention collective, c'est-à-dire des décrets visant les conditions de travail de l'ensemble d'une industrie ou d'un secteur d'activité économique.

Convaincu que ma carrière est bloquée au ministère du Travail du Québec, Marcel Pepin, qui est alors secrétaire général de la Confédération des syndicats nationaux, m'incite à postuler un emploi au Conseil national de la productivité. Il est membre du conseil d'administration de cet organisme qui vient d'être créé par le gouvernement de John Diefenbaker.

Je me rends compte, de mon côté, que le ministre René Hamel ne fera aucun geste pour sanctionner le sous-ministre adjoint et le directeur du Service de conciliation et d'arbitrage, même s'il finit par reconnaître leur responsabilité. Homme faible et peu sûr de lui, René Hamel n'a pas le courage d'indisposer le moindrement des personnes en autorité avec lesquelles il se sent en sécurité. Il sait que la guérilla entre Donat Quimper et moi risque de continuer,

---

2. Secrétaire général de cet organisme, il en devient le président le 4 mars 1961.

mais il n'a pas envie de trancher. Je sens que mon départ ferait son affaire car il est fatigué des tiraillements que ma présence peut susciter. Je quitte le Service de conciliation et d'arbitrage à la fin de 1961 et mon poste de secrétaire du Conseil supérieur du travail à la fin de février 1962.

«Mr. French Canada»

L E 1ᵉʳ DÉCEMBRE 1961, après avoir été pendant dix ans au ministère du Travail du Québec, j'entre au service du Conseil national de la productivité (CNP). Avant d'accepter mon nouveau poste, j'hésite longuement et je négocie ferme pour faire respecter certaines conditions. Je ne me sens pas du tout attiré par une carrière au service du gouvernement d'Ottawa, mais je suis bien conscient de la précarité de ma situation au ministère du Travail du Québec.

Le poste qui m'est offert est celui d'agent régional (Regional Officer) pour le Québec. Or je tiens à tout prix à faire reconnaître la réalité du Canada français dans l'exercice de mes fonctions. Il s'agit là pour moi d'une condition incontournable. Lors d'un premier entretien avec le directeur général du CNP, John G. Dickinson, j'expose franchement mes réticences et j'insiste sur le fait que cet organisme, comme tout autre relevant de l'administration fédérale, devrait comporter des structures qui tiennent compte de l'existence du Canada français et qui placent celui-ci sur un pied d'égalité avec le Canada anglais. Mon interlocuteur me semble très sympathique à cette conception et tout disposé à faire en sorte qu'elle se réalise.

Au cours des semaines qui suivent, j'ai quelques nouvelles conversations téléphoniques avec John G. Dickinson et d'autres avec G. Keith Cowan, directeur des opérations (Programme Director). Celui-ci vient me rencontrer à Québec afin de discuter dans les grandes lignes du rôle que j'aurais à jouer au sein du personnel du CNP. Je lui répète en substance ce que j'ai dit au directeur général. Il me semble qu'il saisit bien la nature de ma conception de l'organigramme.

J'hésite pendant plusieurs semaines à accepter l'offre qui m'est faite. G. Keith Cowan m'appelle à deux ou trois reprises afin de m'inciter à dire oui le plus tôt possible. Il me dit qu'il a parlé avec le directeur général des idées que j'ai exposées au sujet de l'intégration du Canada français dans l'organigramme du Conseil, et il m'informe que ma demande est acceptée. Il ajoute que je serai considéré au sein du personnel salarié du Conseil comme Monsieur Canada français (*Mr. French Canada*) et que je jouerai à cet égard un rôle de conseiller auprès des agents régionaux.

Le 28 novembre 1961, à l'occasion d'une réunion du conseil d'administration du Conseil, j'ai un long entretien avec le directeur général afin de déterminer le titre de ma fonction et les pouvoirs qui devraient normalement en découler. Il est entendu que je serai le directeur pour le Canada français, ce qui implique qu'il y aura un programme spécial pour celui-ci.

Ainsi, le 1er décembre 1961, j'entre au service du CNP à titre d'agent régional (Regional Officer) et de directeur du programme pour le Canada français (Director of the French Canadian Programme). Il n'est pas sûr que John G. Dickinson mesure bien toutes les conséquences de cette désignation, qu'il est pourtant en droit de choisir. La loi en effet lui donne le pouvoir exclusif d'engager le personnel et de définir les fonctions de chacun. Mais les mandarins de la fonction publique fédérale ne perdront pas de temps pour lui reprocher sa décision à mon égard, qu'ils considéreront comme une entorse à l'orthodoxie administrative fédérale. Il est bon de noter que le directeur général, John G. Dickinson, n'est pas un fonctionnaire; il est un employé de la compagnie Northern Electric et il est détaché pour une période limitée par son entreprise auprès du CNP.

L'organigramme du Conseil national de la productivité comporte un poste de directeur général, un autre de directeur des programmes et enfin quatre postes d'agents régionaux (Québec, Ontario, Ouest, Maritimes). Ma désignation au poste de directeur du programme pour le Canada français risque de porter ombrage au directeur des programmes, G. Keith Cowan (avec qui je me suis cependant toujours bien entendu) et aux agents régionaux, dans la mesure où je m'occuperais des groupes francophones en dehors du Québec.

L'existence d'une double structure dans un organisme fédéral, l'une francophone, l'autre anglophone, n'est pas un phénomène courant. C'est plutôt un accident, un fait vraiment exceptionnel. Radio-Canada et la Canadian Broadcasting Corporation en constituent un rare exemple.

Bien conscient du peu de chances de succès de mon entreprise, je cherche à obtenir l'appui d'un homme politique prestigieux de langue française. Dans les jours qui suivent mon entrée en fonction, je vais donc rencontrer Noël Dorion qui, en plus d'occuper le poste de secrétaire d'État, est membre du Conseil de la trésorerie. Il est d'avis que les organismes fédéraux devraient reconnaître le Canada français comme tel et que cette reconnaissance devrait souvent se manifester dans leur structure même. Il me dit qu'il est d'accord pour que mon poste soit sur le même pied que celui de directeur des opérations (Programme Director) et qu'il fera une recommandation en ce sens au Conseil de la trésorerie. Cette proposition ne sera pas retenue.

Quelques jours après ma nomination, au cours d'une conversation téléphonique, G. Keith Cowan me félicite d'avoir obtenu la responsabilité de conseiller le directeur général (en ce qui concerne le Canada français). Il a fait cette constatation en lisant la définition officielle de ma fonction. Il précise qu'il faut sauvegarder l'unité des opérations et que, d'après l'organigramme, je devrais normalement relever de son autorité comme les trois agents ou délégués régionaux. Cette interprétation ne cadre pas avec la définition de la fonction que le directeur général m'a confiée.

L'existence des mots «Canada français» dans la désignation de ma fonction fait rapidement surgir des problèmes, par exemple lorsqu'il s'agit d'imprimer ma papeterie. Je tiens à faire ajouter sur mon papier à correspondance et sur mes enveloppes les mots *Bureau du Canada français*. Je prépare donc des modèles en conséquence et je les envoie au directeur général. Quelques semaines plus tard, je rencontre celui-ci à l'hôtel Queen's, à Montréal. Il me montre quelques modèles d'en-têtes de lettres; ils ont tous cette particularité de ne pas contenir les mots *Bureau du Canada français*. On y lit plutôt *Bureau régional de Québec*. En raison de mon objection à cette dernière formule et de mon insistance pour faire accepter la précédente, les choses en restent là. Quelque temps plus tard, je reçois un modèle de papier à correspondance sur lequel on peut lire *National Productivity Council, Canada, Conseil national de la productivité*. Quant au modèle d'enveloppe, il comporte l'inscription suivante: *National Productivity Council — Conseil national de la productivité — 580 est Grande-Allée, QUEBEC, QUE.*

Quelque temps plus tard, passant du stade de la discussion à celui de la décision unilatérale, on me fait parvenir mon papier à correspondance et mes enveloppes sans tenir compte de mes exigences. Je décide donc de faire faire un timbre avec les mots *Bureau du Canada français*. Je m'en servirai sans interruption jusqu'à la fin de mon emploi au CNP chaque fois qu'une lettre ou un colis partira de mon bureau.

Au cours de mes premières semaines au service du CNP, je reçois parfois d'Ottawa des envois sur lesquels on peut lire: *Mr. Gaston Cholette, Regional Officer and Director of The French Canadian Programme*. On n'utilise jamais le titre français de ma fonction. Peu de temps avant mon départ du CNP, les enveloppes qu'Ottawa prépare à mon intention contiennent l'inscription suivante: *Bureau régional de Québec*.

Cette saga se poursuit sur un autre terrain, si je puis dire, c'est-à-dire celui de la porte de mon bureau. Lorsque celui-ci est situé dans un immeuble de la Grande-Allée, à Québec, le représentant régional du ministère des Travaux publics me demande de lui indiquer ce qu'il faut écrire sur la porte. Je lui dis d'écrire: *Conseil canadien de la productivité — Bureau du Canada français.* Deux ou trois semaines plus tard, mon interlocuteur informe ma secrétaire qu'il ne peut pas écrire *Bureau du Canada français,* parce qu'il n'est pas d'usage d'ajouter des «particularités» au nom officiel d'un organisme fédéral.

Deux semaines plus tard, je rencontre ce monsieur dans un avion. J'en profite pour lui poser quelques questions sur l'affaire qui nous occupe. Il est visiblement embarrassé. Il me répète ce qu'il a dit à ma secrétaire. Je lui fais remarquer que, sur la porte du bureau de la Galerie nationale du Canada, on peut lire: *Bureau de l'est du Canada,* ce qui constitue une particularité. Il s'empresse de me demander si j'accepterais l'inscription suivante: *Conseil canadien de la productivité — Bureau de l'est du Canada.* Je lui réponds par la négative car cette désignation serait inexacte, le Canada français s'étendant d'un bout à l'autre du pays. Il a alors un sourire entendu et un hochement de tête qui signifient un refus. En définitive, on vient installer l'inscription suivante: *Conseil canadien de la productivité — National Productivity Council.*

Lorsque mon bureau est transporté plus tard dans l'ancien édifice des Postes, près du monument Champlain et du château Frontenac, un employé me demande ce qu'il faut écrire sur la porte. Je lui dis: *Conseil national de la productivité — Bureau du Canada français.* Ce qui est fait cette fois. Je m'explique ce résultat uniquement par un manque de surveillance, par un relâchement de la discipline, ou encore par le fait qu'à peu près personne ne lira cette inscription.

Mon principal objectif est la préparation d'un programme de productivité à l'intention du Canada français. Je suis encouragé dans cette voie par le premier directeur général, John G. Dickinson. Dans d'autres parties du présent ouvrage, je traiterai longuement de mes initiatives à cet égard. Je ne veux en indiquer ici que certains aspects qui font ressortir le phénomène de rejet progressif dont ma fonction sera l'objet.

Ma première démarche consiste à me mettre en rapport avec certains organismes européens de langue française et à me rendre en Europe à cet effet. Je fais part de mon projet au directeur général. Il accueille très favorablement ma requête, même s'il prévoit que cela soulèvera des difficultés au sein du personnel. Il motive notamment sa décision en disant qu'il ne fait qu'accepter ainsi l'invitation que le Centre français de productivité lui a déjà transmise. Étant le seul employé de langue française au service du Conseil, mon voyage se justifie bien.

Après de nombreuses démarches, mon programme de séjour en Europe est au point. Deux jours avant mon départ, le directeur des opérations me fait savoir qu'il veut me rencontrer pour mettre au point le programme de mon voyage. Je lui dis que ce programme est déjà réglé dans tous ses détails. Il insiste malgré tout pour me rencontrer. Il est évident que la seule raison de son intervention est d'affirmer l'autorité du directeur des opérations sur un agent régional. Notre rencontre a lieu à l'aéroport de Dorval et dure deux heures, juste avant le départ de mon avion. Cet entretien ne change absolument rien à mon programme de voyage.

Le directeur général m'ayant autorisé, avant mon départ, à prendre des arrangements avec deux ou trois Européens pour les faire venir au Canada, je profite de mon séjour à Paris pour inviter Roger Grégoire, ex-directeur général de l'ex-Agence européenne de productivité. Les autorités du Conseil mettent beaucoup de temps avant de ratifier mon invitation. Pendant cette période d'hésitation, je continue à correspondre avec Roger Grégoire et avec le secrétariat général de l'Organisation de coopération et de développement économiques (OCDE), dont Roger Grégoire est l'un des conseillers. Une fois la décision prise par Ottawa de recevoir Roger Grégoire, le directeur des opérations se croit obligé, encore une fois pour affirmer son autorité sur un agent régional, d'écrire lui-même en anglais à Roger Grégoire pour l'inviter «officiellement», environ une semaine avant son arrivée à Québec.

En plus de l'établissement de liaisons avec l'Europe, ma stratégie comporte d'autres interventions, notamment des actions de sensibilisation auprès des groupes de langue française en dehors du Québec. En trois voyages différents, je me propose de commencer par l'Ouest, d'évoluer ensuite dans les Maritimes et de terminer par l'Ontario. Sachant que mon projet ne sera pas accepté d'emblée, je crois que le mieux à faire est de procéder assez rapidement, c'est-à-dire au cours des douze premiers mois, afin de créer un précédent et de bien affirmer ma responsabilité dans ce domaine. Une autre raison qui me pousse à agir vite, c'est le départ éventuel du premier directeur général au mois de mai 1962. Je sais qu'avec lui mon projet sera approuvé, mais qu'après son départ les choses iront moins bien.

Je prépare donc minutieusement mon voyage dans l'Ouest en collaboration avec les associations canadiennes-françaises intéressées et avec certaines personnalités du Mouvement Desjardins qui connaissent bien les minorités francophones dans cette partie du Canada. Lorsque tous les détails sont arrêtés, je communique par téléphone avec le directeur général et je lui envoie une longue lettre de renseignements. Comme prévu, le directeur général approuve chaleureusement mon initiative. Je l'informe que je fais parvenir des lettres à ce sujet au directeur des opérations et à l'agent régional de l'Ouest. Il me donne son accord total sur les objectifs et sur la façon de procéder. Cela se passe à la fin d'avril, quelques jours avant la date de son départ du CNP.

Quelques jours plus tard, je reçois un appel du directeur des opérations. Nous avons une longue conversation. G. Keith Cowan approuve mon projet, notamment en raison de son état d'avancement, mais il ne le trouve pas très opportun car il se situe dans une période de grande activité. Il me fait remarquer aussi que mon initiative pose le problème des relations qui doivent exister entre lui et moi d'une part, et, d'autre part, entre les agents régionaux lorsque l'un d'eux va évoluer sur le territoire d'un autre. Il reconnaît que j'ai la responsabilité officielle de conseiller les autres agents régionaux au sujet des problèmes canadiens-français. Je le rassure en lui disant que ma tournée de conférences a pour but de sensibiliser les groupes canadiens-français et de les mettre en relation, non seulement avec moi mais aussi avec leur agent régional. J'ai d'ailleurs invité l'agent régional de l'Ouest à m'accompagner dans ma tournée.

Je fais donc un voyage d'une semaine dans l'Ouest. J'y rencontre des groupes dans chacune des quatre provinces du territoire. L'agent régional de l'Ouest m'accompagne à Saint-Boniface et à Saskatoon. Mes relations avec lui sont excellentes. Pendant cette tournée dans l'Ouest, j'explique la nature et l'importance d'une campagne de productivité, les services que le CNP peut fournir et les moyens à prendre pour en bénéficier. Je recommande partout que l'on communique à la fois avec l'agent régional de l'Ouest et avec moi, en ma qualité de directeur du programme pour le Canada français. Je propose aux francophones de participer à la formation d'organismes de productivité dans leurs milieux. L'agent régional me fournit à cet effet tous les renseignements utiles au sujet de l'état des travaux relatifs à la mise en place de centres provinciaux de productivité.

À Saskatoon, je suis reçu par le maire, S. Buckwold, qui est aussi membre du conseil d'administration du CNP. Il commence par m'interroger sur la raison de ma présence dans l'Ouest. Il semble d'accord lorsqu'il comprend qu'il s'agit avant tout d'une mission de sensibilisation auprès des groupes de langue française. Il s'oppose toutefois à la présence de francophones en tant que tels au sein du groupe de travail chargé de créer un organisme de productivité pour la Saskatchewan. Il résume sa pensée en affirmant que la Saskatchewan est une province anglaise et que la langue des affaires et de l'enseignement est l'anglais.

Une fois ma tournée dans l'Ouest terminée, je me mets en rapport avec l'agent régional des Maritimes, Jack Golding, pour lui offrir ma collaboration à la tâche de sensibilisation des Acadiens. J'avais déjà eu des conversations préliminaires avec lui à ce sujet, et il avait chaque fois bien accueilli ma suggestion. Cette fois-ci, étant donné qu'il s'agit de passer aux actes, il me dit qu'il va consulter le principal membre du CNP dans les Maritimes. Il s'agit de A. Russell Harrington, directeur de la Nova Scotia Light, Heath and Power. Quelques jours plus tard, Jack Golding me fait comprendre que mon projet de tournée dans les Maritimes n'est pas retenu et qu'il ne pourra pas se réaliser dans un avenir prévisible.

Après le départ du directeur général, John G. Dickinson, en mai 1962, et son remplacement par Floyd Henry, les choses vont changer radicalement. Je sens qu'on va bientôt me signifier que je ne dois pas me conduire comme le directeur du programme pour le Canada français, mais comme un simple agent régional. John G. Dickinson m'avait d'ailleurs avoué que les décisions qu'il avait prises à mon sujet et qui avaient pour objet la reconnaissance du Canada français avec un programme approprié sous ma direction lui avaient attiré des ennuis. Certains fonctionnaires fédéraux m'avaient dit qu'il manquait de maturité et qu'il ne connaissait pas l'administration fédérale.

À l'occasion d'un voyage à Ottawa en mai 1962, j'exprime au directeur des opérations le souhait d'aller rencontrer le nouveau directeur général. Je sens une réticence et un malaise. G. Keith Cowan s'absente quelques minutes et revient pour me dire que Floyd Henry m'attend. G. Keith Cowan tient à m'accompagner. Floyd Henry déclare que je ne dois pas communiquer et traiter directement avec lui car c'est du directeur des opérations que je dépends: «He's your boss» (c'est votre patron).

C'est ainsi que prend fin abruptement ma fonction de directeur du programme pour le Canada français. Je ne serai plus *Mr. French Canada*. La récréation est terminée. Fini les folies! Peu de temps avant son départ, à deux reprises, John G. Dickinson me conseil de songer à mon avenir et de quitter mon emploi. C'est ce que e ferai bientôt.

Pas d'anglais, pas de chèque

D ÈS MON ENTRÉE EN FONCTION AU CNP, je me mets à l'œuvre pour engager une secrétaire et trouver un local. Peu de temps après avoir choisi un espace qui me paraît satisfaisant dans un immeuble de la Grande-Allée, à Québec, je reçois la visite de Larry P. Kavanagh, attaché d'administration au bureau d'Ottawa du Conseil. Il s'agit d'organiser l'emménagement dans les nouveaux locaux. Larry Kavanagh m'explique qu'il faut s'en remettre au ministère des Travaux publics pour le mobilier et à l'Imprimeur de la Reine pour la papeterie et les menus articles. Nous prenons contact ensemble avec le représentant régional du ministère des Travaux publics. Quelques jours plus tard, je reçois des paquets en provenance de l'Imprimeur de la Reine. Sur ces paquets on peut lire: «Mr. Gaston Cholette, Regional Officer and Director of The French Canadian Programme.» Tous les documents qui accompagnent cet envoi, notamment la liste des articles, sont rédigés exclusivement en anglais. Il en est de même pour les colis expédiés par le ministère des Travaux publics.

Je signale ces incidents au représentant régional de l'Imprimeur de la Reine à Québec. Je trouve inadmissible que des articles tels que le carnet de rendez-vous ou l'agenda de poche, le journal quotidien, le bloc-calendrier et le calendrier mural ne contiennent pas un mot de français. Il me dit qu'il va s'informer au «bureau chef» (siège social) et qu'il va me tenir au courant de ce qui suivra.

Après quinze jours d'attente, n'ayant reçu aucune nouvelle, je communique directement avec l'Imprimeur de la Reine, Roger Duhamel, et j'envoie copie de ma lettre au secrétaire d'État, Noël Dorion. Quelques jours plus tard, je reçois une lettre de Roger Duhamel. Il m'explique qu'il ne peut blâmer le préposé aux expéditions, car la demande d'achat que celui-ci a reçue du bureau d'Ottawa du CNP ne mentionne qu'en anglais mon titre et mon adresse. Quant aux articles dont les inscriptions sont rédigées exclusivement en anglais, il reconnaît qu'il serait souhaitable d'y ajouter du français et il m'informe qu'il en fait part à son ministre, c'est-à-dire au secrétaire d'État. J'en conclus qu'il me sera impossible d'obtenir, par la filière officielle, un bloc-calendrier et un timbre dateur bilingues dans un avenir prévisible. J'achète donc directement ces objets dans une librairie de la ville de Québec et je fais parvenir la facture au CNP. Il semble bien que cette facture a été acquittée car je n'en ai pas entendu parler par la suite.

L'absence ou l'extrême rareté de documents français ou bilingues dans l'administration courante, dans les affaires de routine, me choquent vivement. Tous les formulaires de régie interne sont rédigés exclusivement en anglais: rapports mensuels sur les appels téléphoniques interurbains, rapports mensuels d'assiduité, notes de frais de voyage, demandes d'achat, etc. J'ai toujours rempli toutes ces formules en français. Les seuls formulaires français que j'ai vus sont ceux qui ont trait à la caisse de retraite de la fonction publique. Encore faut-il ajouter que, dans la seule conversation téléphonique que j'ai avec un fonctionnaire d'Ottawa à ce sujet, mon interlocuteur, un francophone, s'empresse de me dire qu'il comprend mieux l'anglais que le français.

Je dois confesser que, pendant les premiers mois de mon emploi, j'ai fait la plus grande partie de ma correspondance avec Ottawa en anglais. Au cours de cette période, j'avais réussi à réaliser la plupart de mes projets préliminaires relatifs à un programme de productivité pour le Canada français. Je me disais que c'était là l'essentiel et qu'il ne fallait pas être trop tatillon sur l'usage de la langue française dans mes rapports avec Ottawa. Le directeur général, John G. Dickinson, me donnait tant de preuves de bonne volonté et de compréhension que je ne voulais pas lui compliquer la vie, lui dont l'attitude à mon égard attirait déjà beaucoup d'ennuis. Par la suite, j'ai toujours regretté cette faiblesse de ma part.

J'avais pris la décision d'utiliser principalement l'anglais dans ma correspondance avec Ottawa après avoir demandé conseil à un vétéran des luttes pour la langue française en Ontario et dans d'autres provinces où les francophones sont minoritaires. Cette personne avait fortement insisté sur l'inopportunité d'utiliser le français dans mes rapports écrits avec mes compagnons de travail anglophones. Un anglophone unilingue avec lequel je viens de parler en anglais et qui, le lendemain, reçoit de moi une lettre ou un rapport en français ne pourrait pas s'empêcher, me disait mon conseiller, de se demander ce qui m'arrive et de me trouver antipathique.

Le choix du français ou de l'anglais se pose aussi dans mes relations avec le public. En voici un exemple. Au début de février 1962, le directeur général du Conseil, John G. Dickinson, me demande de donner une conférence à l'occasion d'un déjeuner organisé par l'Electrical Club de Montréal, c'est-à-dire peu de temps avant la nationalisation de la plupart des compagnies d'électricité au Québec. L'un des organisateurs du club m'appelle pour me demander le titre de ma conférence. Je lui dis que je parlerai de la productivité au Canada français. Il paraît estomaqué: ce sujet lui semble explosif. Craignant quelque frasque de ma part, c'est-à-dire l'utilisation de la langue française, il m'indique que l'anglais est la langue de travail de l'Electrical Club de Montréal: «Our business is done in English.» Je réponds que je parlerai dans les deux langues.

Le jour du déjeuner, la cérémonie commence par l'hymne «God Save the Queen». On ne joue pas le «Ô Canada». Lorsque je commence mon allocution, dont la première partie est en français, j'ai à peine le temps de dire: «Monsieur le président» que j'entends des déplacements de chaises, des murmures puis, timidement d'abord mais rapidement par la suite, des applaudissements qui deviennent de plus en plus bruyants. Près de la moitié des membres de l'Electrical Club sont des francophones.

L'arrivée du nouveau directeur général, Floyd Henry, marque un brutal changement d'attitude à mon égard au bureau d'Ottawa en ce qui concerne l'utilisation de la langue française. L'attaché d'administration du Conseil, Larry P. Kavanagh, commence par demander à ma secrétaire de préparer mes notes de frais de voyage en anglais. Dès la première visite que je fais au quartier général du Conseil à Ottawa après la nomination de Floyd Henry, Larry P. Kavanagh, lui qui avait toujours été amical avec moi, m'aborde rudement et, sans entrée en matière et sans ménagement, me signifie que je dois désormais rédiger toutes mes communications avec Ottawa en anglais. Le directeur des opérations, G. Keith Cowan, est témoin de la scène. Il n'intervient que pour dire quelque chose comme: «Ces sacrés Irlandais.» Je réponds sur-le-champ que je vais continuer à utiliser le français car il s'agit là d'une question de principe. Larry P. Kavanagh insiste sur le fait que, si je rédigeais mes notes de frais en anglais, ça rendrait les choses plus faciles. J'ajoute que si on voulait rendre les choses plus faciles on pourrait aller jusqu'à conclure que la langue française devrait disparaître complètement dans l'administration fédérale et que le Canada français lui-même devrait cesser d'exister. Larry P. Kavanagh me rappelle que ma secrétaire reçoit un supplément de salaire du fait qu'elle est bilingue. Je lui rétorque que c'est sous ma direction exclusive qu'elle travaille et que sa connaissance de l'anglais ne doit pas la transformer en traductrice lorsqu'il s'agit de questions de régie interne. Son bilinguisme lui vaut une prime, mais c'est surtout pour lui permettre de traiter en anglais dans certaines circonstances avec le public.

Au cours de la même journée, j'ai un court entretien avec le nouveau directeur général, Floyd Henry. Comme un éléphant dans un magasin de porcelaine, il me déclare sans autre préambule qu'il est de descendance française mais qu'il ne parle pas le français. Il me dit cela avec une suffisance non dissimulée. Il ajoute que je devrais faire comme lui car le Canada et l'Amérique du Nord sont anglo-saxons. (Au début du mois d'août, je reçois le texte d'une conférence prononcée par Floyd Henry. L'une des phrases commence ainsi: «Canada, like other English-speaking countries...», c'est-à-dire le Canada, comme les autres pays de langue anglaise...) À partir de mon entretien avec Floyd Henry, je décide de continuer à remplir les formulaires administratifs en français et de faire désormais toutes mes autres communications avec Ottawa en français.

Par la suite, les chèques destinés à rembouser mes dépenses de voyage cessent subitement de me parvenir. Jusqu'à maintenant, ils m'avaient toujours été envoyés avec diligence. Au milieu de juin, le CNP me doit tout près de 500 $ en frais de voyage. J'estime alors que cette sinistre comédie a assez duré. J'appelle l'attaché d'administration, Larry P. Kavanagh, et je le menace de faire un esclandre si je ne reçois pas incessamment la somme qui m'est due. Il prétexte qu'il a été très occupé ces derniers temps. Deux jours plus tard, je reçois un chèque de 400 $ à titre d'«avance». On m'explique que l'on est en train de changer la procédure et que désormais on envoie des avances au personnel pour les dépenses de voyage. Je fais remarquer à Larry P. Kavanagh que, dans mon cas, il s'agit d'avances à retardement.

Un peu plus tard, un autre employé du Conseil, M. Radford, me retourne, pour que je le traduise en anglais, un texte que j'avais envoyé en vue d'une prochaine réunion des membres du conseil d'administration. Incroyable mais vrai, on me dit que personne, au bureau d'Ottawa du CNP, ne connaît le français. Non seulement je ne fais pas cette traduction, mais je n'accuse même pas réception de la lettre.

À Québec, dans l'édifice où est situé mon nouveau bureau, je suis reçu un jour non ouvrable par un concierge qui me parle uniquement en anglais et qui a un air bourru parce que je m'adresse à lui en français. Cela se passe dans un immeuble du gouvernement fédéral implanté au cœur même du Canada français, à deux pas du monument Champlain.

Le 27 juin, je décide d'écrire directement à Floyd Henry, en français bien entendu. Il me reste en effet un espoir de faire venir au Canada le chef de la division de la productivité de l'OCDE. Dans ma correspondance avec celui-ci, j'ai acquis la quasi-certitude qu'il est prêt à venir collaborer à la mise au point d'une politique de productivité pour le Canada français. Je propose donc à Floyd Henry d'envoyer une invitation à cet effet à l'OCDE. Je justifie mon intervention directe auprès de lui par le fait que mon contrat de travail comporte la responsabilité de conseiller le directeur général sur le programme relatif au Canada français.

Quelques jours plus tard, dans une lettre du 29 juin signée par G. Keith Cowan, directeur des opérations, je reçois l'ordre de Floyd Henry, directeur général, de faire toutes mes communications écrites avec Ottawa en anglais. Inutile de dire que je n'ai jamais tenu compte de cet ordre. Environ trois semaines plus tard, Floyd Henry m'informe par écrit que la seule raison de son retard à me répondre réside dans le fait que je lui ai écrit en français. Quant à ma suggestion d'inviter à titre d'expert le chef de la division de la productivité de l'OCDE, il me signifie qu'il n'en est pas question à cause de la politique d'austérité du gouvernement fédéral. C'est en lisant cette lettre que je décide de quitter mon poste au CNP dans les plus brefs délais. Deux mois plus tard, alors que la politique d'austérité du gouvernement fédéral existe toujours, le Conseil vote allègrement une somme de 10 000 $ pour faire venir d'Angleterre un expert qui donnera des cours en organisation scientifique du travail à Halifax.

Au début du mois d'août, au cours d'une conversation téléphonique, G. Keith Cowan me dit que la venue d'un expert de l'OCDE n'a pas sa raison d'être, car deux Français ont déjà fait un voyage au Québec aux frais du Conseil. Il sait pourtant qu'il y a eu des échanges beaucoup plus nombreux au cours des derniers mois entre le Canada et l'Angleterre en vue de la conception et du démarrage de la campagne de productivité. En regard de ces opérations, les échanges entre le Québec et la France sont mesurés au compte-gouttes et chichement consentis *in extremis* lorsqu'il est impossible de faire autrement. G. Keith Cowan ajoute que le Conseil a dépensé plus pour le Québec que pour d'autres régions. Encore une fois, on tient la comptabilité en considérant le Québec comme une région et en refusant en définitive de traiter les Canadiens français comme l'un des deux peuples fondateurs du Canada.

Organisation scientifique du travail

MON PRINCIPAL OBJECTIF EN ENTRANT AU SERVICE DU CNP est de mettre au point un programme spécial pour le Canada français. Parmi les nombreux volets d'une politique de productivité (formation et perfectionnement des dirigeants d'entreprise, collaboration patronale-ouvrière, recherche scientifique, missions à l'étranger, assistance technique aux entreprises, simplification du travail, etc.), le Conseil décide d'accorder la priorité, au cours de la première année, à l'organisation scientifique du travail (étude du travail ou simplification du travail).

Je me rends compte rapidement que tous les experts auxquels le Conseil fait appel et ceux qu'il se propose de consulter sont des anglophones. Je constate aussi que toute la documentation que l'on utilise ou qu'on a l'intention de faire venir est en anglais. La Grande-Bretagne est en pratique le seul pays vers lequel on se tourne pour obtenir des ressources humaines et de la documentation.

L'un de mes premiers soucis est d'obtenir une abondante documentation européenne en français. On peut facilement s'en procurer auprès de quelques centres nationaux de productivité européens et auprès de l'OCDE, dont le Canada fait partie. Je demande donc au bureau d'Ottawa de s'adresser à eux à cet effet. Quelle n'est pas ma surprise de recevoir un petit paquet de documents qui sont presque tous en anglais, y compris des textes rédigés à l'origine en français par des Français. En voici deux échantillons: 1- *Regional Development in a National and International Context*, by Jean Vergeot, Commissaire général adjoint au Plan, Chairman of the French Regional Plans Committee; 2- *Reviving a Depressed Area*, from *France Actuelle*, vol. X, n° 11, June 1961. Le seul document en langue française est un catalogue de films de l'Office belge pour l'accroissement de la productivité.

Peu de temps après mon entrée en fonction, je demande que le Conseil achète des films en français et prépare un catalogue. Quelque temps plus tard, je reçois un catalogue de films sur la productivité préparé par le ministère fédéral du Travail. Non seulement le catalogue est-il rédigé et présenté exclusivement en anglais, mais tous les films qui y sont mentionnés sont en langue anglaise. La plupart d'entre eux proviennent du British Productivity Council. Je proteste auprès du directeur des opérations. Celui-ci me répond qu'il recommande immédiatement l'achat de films en français. Je n'en entendrai jamais parler par la suite.

En ce qui concerne l'organisation scientifique du travail (*work study*), l'objectif d'Ottawa est de mettre en place, dans chacune des «régions» (dont le Québec) du Canada, une équipe capable de donner des cours aux dirigeants d'entreprise. On envisage à cette fin de faire venir un conférencier prestigieux qui parcourra tout le Canada et se rendra dans les plus grandes villes. Le conférencier pressenti s'appelle R. M. Currie. Il est le directeur de l'étude du travail à l'entreprise Imperial Chemical Industries, de Grande-Bretagne, et il est président de la Fédération européenne d'étude du travail. On veut aussi engager, pour deux ans, à titre de directeur national de l'étude du travail, un autre Britannique, F. Lehman, qui travaille lui aussi pour la compagnie Imperial Chemical Industries.

Aucun des deux ne parle le français. Quant aux ressources humaines que le CNP peut fournir pour la mise en place d'équipes de professeurs dans les «régions» canadiennes, elles ne comprennent que des anglophones. On trouve ces professeurs dans la marine de guerre, qui elle-même recrute ses experts au sein de la marine britannique; il y en a aussi au Canadien National, qui utilise les services d'une entreprise de consultants britannique, Irwick Currie, pour ses cours avancés. Quant à la compagnie Canadian Industries Ltd., elle fait appel pour ses cours à l'entreprise britannique Imperial Chemical Industries. L'équipe d'Ottawa me propose aussi d'utiliser les services du cabinet d'organisation P.A. Management Consultants, dont le siège social est en Grande-Bretagne, et de l'American Material Handling Society, dont la spécialité est la manutention. J'acquiers rapidement la conviction que la mise au point d'un programme pour le Canada français ne pourra se faire que si le Québec devient la tête et le cœur d'un réseau branché sur l'Europe et rayonnant sur tout le territoire du Canada.

Ne pouvant absolument pas, comme les délégués régionaux des Maritimes, de l'Ontario et de l'Ouest, compter sur le Conseil pour remplir mon rôle, je prends la résolution de me tourner vers les seuls interlocuteurs et alliés possibles, c'est-à-dire les institutions québécoises et européennes de langue française. Le ministère de l'Industrie et du Commerce du Québec m'indique qu'il n'y a pas, au Québec, de personnes ou d'équipes susceptibles de m'apporter dans l'immédiat le type de collaboration dont j'ai besoin. C'est en 1966 seulement que sera créée, à l'École polytechnique de Montréal, la première faculté de génie industriel. On me fournit cependant des adresses d'organismes européens qui pourraient m'être utiles.

Je me mets donc en rapport avec l'OCDE, le Centre français de productivité et l'Office belge pour l'accroissement de la productivité. Mon intention est de recueillir une abondante documentation en français et de trouver des personnes ou des organismes qui pourraient contribuer à la mise sur pied d'un centre d'organisation scientifique du travail au Québec. Le directeur général du Conseil m'autorise à inviter à cet effet deux ou trois personnalités européennes de langue française. Il est entendu aussi que je profiterai de mon séjour outre-Atlantique pour me joindre à un groupe de représentants du Conseil qui sera en Grande-Bretagne à cette époque.

Je pars pour l'Europe le 13 février 1962, moins de deux mois et demi après mon entrée en fonction au Conseil. Je reviens à Québec le 9 mars. Au Centre français de productivité, à l'Office belge pour l'accroissement de la productivité et à l'OCDE, on me prépare une volumineuse documentation en français. Lors de mon passage à l'OCDE, je rencontre Roger Grégoire, ex-directeur de l'ex-Agence européenne de productivité et maintenant conseiller spécial auprès du secrétaire général de l'OCDE. Il accepte mon invitation de se rendre incessamment au Québec pour y faire une tournée de conférences. En compagnie de Marcel Pepin, secrétaire général de la Confédération des syndicats nationaux (CSN) et membre du conseil d'administration du Conseil, je rencontre le délégué général du Bureau des temps élémentaires (BTE), Georges Lubert, et je l'invite à venir au Québec pour voir dans quelles conditions l'organisme qu'il dirige pourrait éventuellement participer à la création d'un centre d'organisation scientifique du travail. Georges Lubert est le représentant de la France au sein de la Fédération européenne d'étude du travail.

Pour bien comprendre ce qui va suivre, il faut signaler ici que le Conseil est déjà en pourparlers avec R. M. Currie pour une tournée de conférences à travers le Canada en juin, donc trois mois après mon retour d'Europe. Quelques jours après mon retour de voyage, je prends part à un colloque organisé par le Conseil à Kingston, en collaboration avec les Universités Queen's et Western Ontario, à l'intention des principaux chefs d'entreprise et dirigeants ouvriers au Canada. Tout se passe en anglais, tous les documents sont en anglais.

À la fin du colloque, le conseil d'administration du Conseil se réunit. Au cours de la séance, on me demande de faire rapport de mon travail et de mes projets. Je fournis tous les renseignements possibles et j'en profite pour expliquer que ma tâche diffère de celle des trois autres délégués régionaux. Ces derniers peuvent compter sur Ottawa pour obtenir des conférenciers, de la documentation et de l'assistance technique sous toutes ses formes. Quant à moi, ne pouvant rien obtenir d'Ottawa en langue française, je me vois dans l'obligation de me brancher directement sur l'Europe. Voilà pourquoi je crois opportun que des personnalités européennes de langue française viennent au Canada. J'ai l'impression que mes paroles se figent dans l'air glacial de la salle. Cette impression m'est confirmée par la suite, notamment par le directeur général et le directeur des opérations.

Les autorisations officielles au sujet des voyages de Roger Grégoire et de Georges Lubert se font attendre longtemps. Avant mon départ pour l'Europe, le directeur général m'avait pourtant donné son accord pour que j'invite deux ou trois Européens. Je suis d'autant plus gêné que mes invitations ont été acceptées. Je continue d'ailleurs à correspondre avec Roger Grégoire et avec le secrétariat général de l'OCDE en tenant pour acquis que le Conseil ne contredira pas son propre directeur général. Je tiens à signaler en passant que Roger Grégoire a offert ses services au CNP environ un an auparavant, lors du passage du président et du directeur général du Conseil en Europe. Ottawa n'a pas donné suite à cette offre, tout en multipliant cependant les échanges avec l'Angleterre.

Le feu vert tant attendu finit un jour par arriver. Roger Grégoire est reçu partout avec enthousiasme. Il prend contact avec le ministre de l'Industrie et du Commerce du Québec et quelques-uns de ses principaux collaborateurs, avec des représentants du Conseil d'orientation économique, le comité d'enquête sur l'enseignement technique et spécialisé, des professeurs des facultés des sciences, de commerce et des sciences sociales de l'Université Laval, des professeurs et des ingénieurs à l'École polytechnique, des professeurs de l'École des hautes études commerciales, la Rencontre des agents de la vie économique.

Le cas de Georges Lubert est beaucoup plus compliqué. Sa venue au Québec se heurte notamment à l'hostilité de F. Lehman, qui vient de quitter son poste à la compagnie Imperial Chemical Industries pour accéder à celui de directeur de l'étude du travail au Canada. La confirmation de mon invitation à Georges Lubert traîne désespérément. À deux ou trois reprises, le directeur des opérations me dit que cette confirmation ne sera pas accordée. Je maintiens quand même mon invitation et je procède avec Georges Lubert à l'organisation de sa tournée comme si de rien n'était. Je sais que, si j'agis autrement, le projet mourra irrévocablement dans l'œuf. En fin de compte, au moment où Georges Lubert ne peut plus reporter la date de son voyage, je rappelle au directeur des opérations que Marcel Pepin, l'un des membres du conseil d'administration du Conseil, était avec moi lorsque j'ai invité Georges Lubert à effectuer une tournée au Québec. C'est ce dernier argument qui l'emporte finalement.

Inutile de dire que je dois me débrouiller seul pour organiser la mission de Georges Lubert, pendant que le reste de l'équipe salariée du Conseil consacre pratiquement tout son temps à préparer le voyage de R. M. Currie. La tournée de Georges Lubert comporte pourtant un plus grand nombre d'événements que celle de R. M. Currie. Le bureau d'Ottawa prépare une abondante documentation pour R. M. Currie mais rien pour Georges Lubert. Non seulement le bureau d'Ottawa ne me fournit aucune documentation en français, mais à une certaine occasion on me défend de faire publiquement étalage d'un livre rédigé en français dont j'ai réussi à me procurer plusieurs exemplaires. Il s'agit d'une publication du Bureau international du travail intitulée *Introduction à l'étude du travail*.

Lors de mon passage à Ottawa au mois de mai, F. Lehman me parle des conférences prochaines de R. M. Currie. Il me fait voir plusieurs caisses de dépliants et de brochures qu'il vient de recevoir et qu'il destine aux personnes qui prendront part aux manifestations de la tournée Currie. Il s'agit exclusivement de documentation en anglais qui porte sur l'étude du travail en Angleterre. Or Montréal est l'une des villes où R. M. Currie doit donner une conférence. F. Lehman me fait lire une lettre dans laquelle on demande que le manuel du Bureau international du travail sur l'étude du travail ne figure pas dans les étalages car on veut mettre en évidence le manuel de R. M. Currie seulement.

Bien entendu, je ne tiens pas compte de cette interdiction. Le jour de la conférence de R. M. Currie à Montréal, je place à la vue de tous un certain nombre d'exemplaires du manuel français du Bureau international du travail. En présence de l'ex-directeur général du Conseil, F. Lehman déclare à ma secrétaire que cet ouvrage n'est pas à point et que celui de R. M. Currie lui est supérieur. John G. Dickinson, quant à lui, vante les mérites du livre du Bureau international du travail.

Le passage de Georges Lubert au Québec est une tournée triomphale. Les milieux gouvernementaux, universitaires, ouvriers et patronaux lui font un accueil enthousiaste. On est partout enchanté — chez les ingénieurs peut-être plus que partout ailleurs — de la qualité et de l'ampleur du phénomène de l'organisation scientifique du travail en France. On est ravi d'entendre parler de questions techniques dans une langue française riche, dynamique et parfaitement au point.

Pendant tout ce temps, personne au CNP, à l'exception de Marcel Pepin, ne manifeste le moindre désir de rencontrer Georges Lubert. Avant le retour de celui-ci en France, je communique avec l'attaché d'administration du Conseil pour savoir sur quelle base on va lui rembouser ses dépenses de voyage. Il me répond que Georges Lubert sera probablement traité comme un invité de marque, vu qu'il est l'homologue de R. M. Currie. Je lui dis que c'est en effet la logique même et que le sens le plus élémentaire des convenances exige une telle solution. Il s'agit en somme de traiter deux invités de marque sur le même pied. Larry P. Kavanagh se ravise cependant en disant qu'il doit vérifier ce point avant de me fournir une réponse définitive. Une demi-heure plus tard, il me rappelle pour m'informer que la note de frais de Georges Lubert devra être préparée selon les normes applicables à un fonctionnaire ordinaire. À une autre occasion, on me demande de préparer cette note en anglais.

Le 7 juin, lors de la conférence de R. M. Currie à Saint John, au Nouveau-Brunswick, c'est-à-dire une semaine avant le retour de Georges Lubert en France, le directeur des opérations me dit qu'il n'est pas sûr que l'on paiera à celui-ci le prix d'un billet de première classe pour le vol transatlantique. Malgré le peu de confiance que j'ai à son égard, je me mets en rapport avec F. Lehman pour lui signaler l'indécence du traitement que l'on veut infliger à Georges Lubert et je lui demande d'intervenir pour faire avorter la goujaterie qui se prépare. Je profite de l'occasion pour lui faire remarquer qu'il devrait lui-même rencontrer Georges Lubert au moins une fois, vu que le séjour de celui-ci tire à sa fin. Trois jours plus tard, nous mangeons ensemble dans un restaurant de Montréal. En dépit des directives contraires du bureau d'Ottawa, je décide de préparer la note de frais de Georges Lubert en français et de facturer au tarif d'un invité de marque. On se résigne finalement à Ottawa à rembourser les frais de voyage et de séjour de Georges Lubert sur cette base.

Dois-je rappeler que je n'ai pas invité Georges Lubert au Québec pour le simple plaisir de lui faire donner une série de conférences en français sur l'étude du travail. Je souhaite que l'enseignement de cette matière se fasse ici avec le concours technique du BTE, de Paris, sans pour autant exclure d'autres collaborations. Au cours de son séjour au Québec, Georges Lubert se dit prêt à accueillir gratuitement à Paris pendant près d'un an un groupe de jeunes ingénieurs québécois qui deviendraient par la suite le noyau d'une institution vouée à l'organisation scientifique du travail. Avant le retour de Georges Lubert en France, des personnes qui ont accueilli celui-ci commencent à se réunir pour fonder un organisme québécois à cette fin.

Lorsque je fais part de ce projet aux gens d'Ottawa, c'est encore une fois la consternation. F. Lehman, en particulier, s'y oppose avec une rare violence et se comporte à ce sujet avec l'insolence d'un raciste. À titre d'exemple, voici la sortie fracassante qu'il fait dans le bureau même du directeur des services techniques au ministère de l'Industrie et du Commerce du Québec, en présence des personnes suivantes: Louis de Gonzague Dubois et Gabriel Ouellet, de ce ministère; Fernand Bélanger, professeur à la faculté de commerce de l'Université Laval, R. M. Currie, de la compagnie Imperial Chemical Industries et M. Jackson, sous-ministre du Commerce de l'Ontario. F. Lehman affirme que l'Angleterre est le pays le plus avancé au monde en matière d'étude du travail[1]. Il continue en disant, avec un dédain évident pour le BTE, que cet organisme ne fait que du chronométrage et de la mesure des temps et des mouvements. Il ajoute que le BTE ne s'occupe pas de la chose la plus importante en étude du travail, c'est-à-dire l'examen critique et l'amélioration des méthodes. R. M. Currie laisse passer cette affirmation sans la corriger; il est pourtant le président de la Fédération européenne d'étude du travail, à laquelle la France est représentée par le BTE.

Je réponds que le BTE donne une série de onze cours, dont l'un de longue durée sur les méthodes, ce qui lui permet de former chaque année un grand nombre d'agents des méthodes pour les entreprises de France et d'autres pays. J'ajoute, à la suite d'une question de F. Lehman, que le programme des cours du BTE est substantiellement le même que celui de la British Transport Commission, dont on m'a fait visiter l'école près de Londres à la fin de février. F. Lehman estime que la formation de jeunes Canadiens en étude du travail devrait se faire au Canada et que tous devraient suivre le même entraînement. Cette affaire devrait, dit-il, se régler au Canada, entre Canadians (lui-même est Britannique).

Après la réunion, je vais conduire R. M. Currie, M. Jackson et F. Lehman au château Frontenac. F. Lehman m'invite à monter avec ses compagnons à sa chambre. Il me soumet alors à une véritable séance de conditionnement, de lavage de cerveau. F. Lehman me répète que l'Angleterre est le pays le plus avancé au

---

1. À l'occasion de mon voyage en Europe, je passe deux jours en Angleterre avec des représentants du Conseil. En visite à la British Transport Commission (BTC), le porte-parole du Conseil demande que cette entreprise envoie au Canada des experts en étude du travail pour participer à la campagne qui se prépare en faveur de l'accroissement de la productivité. Un représentant de la BTC lui répond que les États-Unis sont plus avancés que l'Angleterre dans ce domaine, sans compter que les Américains sont plus près du Canada que ne le sont les Anglais. Le porte-parole du Conseil revient quand même à la charge à plusieurs reprises en insistant sur le fait que ce sont des Anglais, pas des Américains, que l'on veut.

monde en étude du travail. La compagnie Imperial Chemical Industries a l'intention d'offrir à deux jeunes Canadiens, l'un francophone et l'autre anglophone, la possibilité de faire un stage de quelques mois à son bureau d'étude du travail. Ne savez-vous pas que cette entreprise a des succursales dans une quarantaine de pays? Pointant du doigt R. M. Currie, il me dit que je suis ici, en cette chambre, en présence du n° 1 mondial en étude du travail. Les Français, selon lui, ne s'y connaissent pas en organisation scientifique du travail. Nous les connaissons bien, dit-il, car nous les avons affrontés sur des champs de bataille un peu partout à travers le monde depuis des siècles. Il termine son esclandre en soutenant que les Canadiens français devraient se satisfaire de leur culture française sans ambitionner de devenir économiquement forts. Après ce psychodrame, M. Jackson, sous-ministre du Commerce de l'Ontario, qui est sorti de la chambre de F. Lehman en même temps que moi, me félicite et me dit que j'ai fait du bon travail: «You've done a good job.»

Le lendemain, je fais visiter la ville de Québec à mes trois «invités». F. Lehman s'interroge avec inquiétude sur l'opportunité de la création de la Société générale de financement, dont le gouvernement du Québec vient de saisir l'Assemblée législative. Quant à moi, je parle du BTE, de la composition de son conseil d'administration, de ses cours, du nombre de personnes qui suivent ces cours. Je souligne que son conseil d'administration compte plusieurs directeurs techniques de grandes entreprises françaises, notamment Sud-Aviation, qui construit les avions Caravelle. Mes paroles sont accueillies dans le plus profond silence, comme une roche qui coule au fond de l'océan.

À la fin de l'après-midi, nous prenons l'avion pour Montréal. Le sous-ministre du Commerce de l'Ontario, M. Jackson, me renouvelle ses félicitations de la veille et m'incite à ternir ferme. Quelques minutes avant d'arriver à Montréal, R. M. Currie fait déplacer M. Jackson et vient s'asseoir près de moi. Il me confie qu'il y a des gens qui prétendent s'occuper de l'étude des méthodes de travail mais qu'il ne faut pas toujours s'y fier. Quant à lui, ajoute-t-il, il a étudié, simplifié et amélioré des milliers de tâches pour la British Transport Commission. Constatant qu'il ne m'ébranle pas, il me quitte en disant qu'il comprend mon point de vue.

Vu l'attitude de F. Lehman, on comprendra que je n'ai pas le goût de l'inviter au Québec pour participer à la fondation d'un centre d'organisation scientifique du travail et à l'envoi d'un contingent d'ingénieurs au BTE. Les promoteurs de cet éventuel organisme se voient dans l'obligation de le court-circuiter et de s'adresser directement au conseil d'administration du Conseil pour obtenir une subvention. Les démarches sont faites par le ministère de l'Industrie et du Commerce du Québec. On réussit à organiser un repas d'affaires le 14 septembre, au Club Saint-Denis de Mont-réal. Deux membres du conseil d'administration du Conseil qui habitent Montréal y participent. Il s'agit de N. R. Crump, président du Canadien Pacifique (Canadian Pacific Railways) et de W. S. Kirkpatrick, président de la compagnie Consolidated Mining and Smelting. Il y a aussi le directeur des opérations du Conseil. La délégation québécoise est dirigée par René Tremblay, sous-ministre de l'Industrie et du Commerce. Les trois représentants du Conseil se montrent très favorables au projet de création d'un centre d'organisation scientifique de l'entreprise et à l'envoi d'un groupe d'ingénieurs québécois en France à cette fin. Vu que la prochaine séance du conseil d'administration du Conseil se tient quelques jours plus tard, les 19 et 20 septembre, N. R. Crump et W. S. Kirkpatrick suggèrent à leurs interlocuteurs de se dépêcher afin d'y présenter leur projet par écrit et faire en même temps une demande de subvention.

Dans les jours qui suivent, un texte est rédigé en hâte et expé-dié par avion à Halifax, où il arrive le jour même de la réunion du Conseil. Je vais le chercher à l'aéroport vers quatre heures du matin et j'en fais la distribution au cours de la séance. L'étude du dossier se déroule dans une atmosphère tendue. Les promoteurs d'un centre d'organisation scientifique de l'entreprise insistent dans leur document sur l'importance d'une décision rapide, faute de quoi l'envoi d'ingénieurs à Paris devra être retardé d'un an. Les ingénieurs doivent partir pour Paris avant la fin d'octobre. Plusieurs membres du Conseil ont l'impression qu'on leur fait violence car le directeur de l'étude du travail, F. Lehman, n'a pas eu le temps d'examiner le document à loisir et de faire ses recommandations. Il y a aussi, à la table du Conseil, des personnes qui sont antipathiques à l'idée même d'une coopération technique avec la France.

Les membres du Conseil qui habitent au Québec, de langue anglaise comme de langue française, font front commun. L'un d'entre eux, M. Bruce, président de l'Alcan, se bat même comme un lion. Il faut faire quelque chose pour le Québec, dit-il. C'est le lendemain de l'annonce d'élections générales au Québec et de la décision du gouvernement de nationaliser la plupart des compagnies privées d'électricité. Or l'Alcan possède des barrages et des usines hydroélectriques dans la région du Saguenay–Lac-Saint-Jean. «Don't you realize that Quebec is pulling out of Confederation?», c'est-à-dire ne voyez-vous pas que le Québec est en train de s'extraire de la Confédération? Le projet québécois est finalement accepté et une somme de 37 600 $ est votée à cette fin. Le désir de ne pas indisposer le gouvernement du Québec a certainement été un facteur décisif. Le président me fait remarquer après la réunion que ce projet a failli échouer parce que la voie hiérarchique normale n'a pas été respectée. Je lui dis que F. Lehman a toujours été viscéralement hostile à cette initiative et que, si l'on avait suivi la filière ordinaire, il aurait pris tous les moyens pour la faire avorter.

Il reste à ce moment une quarantaine de jours pour recruter des ingénieurs et trouver le financement nécessaire à l'opération. Vu que l'on envisage de former une équipe d'une dizaine d'ingénieurs qui passeront une année en Europe, on pense que le coût total s'élèvera à tout près de 100 000 $. Les démarches préliminaires effectuées à cet effet auprès de divers organismes avant la décision favorable du CNP n'ont encore abouti à aucun résultat concret. Compte tenu de l'incertitude qui règne à ce sujet, l'Association professionnelle des industriels (API), qui avait fourni la première une contribution de plusieurs milliers de dollars, avait décidé après coup de reprendre sa mise.

Dans une affaire comme celle-ci, qui exige la participation financière de plusieurs partenaires, chacun a tendance à attendre pour voir ce que fera son voisin avant de prendre une décision. Heureusement, la décision du Canadien National (Réseau des chemins de fer nationaux du Canada) d'envoyer à ses frais l'un de ses ingénieurs au BTE a un gros effet d'entraînement. C'est là l'aboutissement d'une saga dont voici les principaux éléments.

Cette entreprise d'État fédérale a mis sur pied vers 1960 une école d'étude du travail. Les cours sont réservés aux employés du Canadien National. Le directeur général du Conseil réussit à obtenir que la session du printemps 1962 soit ouverte à deux candidats de l'extérieur. John G. Dickinson me demande d'essayer de trouver deux candidats. J'écris au ministère de l'Industrie et du Commerce du Québec et au ministère de la Jeunesse. Celui-ci décide de déléguer un de ses fonctionnaires qui donne déjà des cours en rationalisation du travail.

Une fois la session d'étude en marche, je reçois du Canadien National l'invitation de me rendre à son école, à Sainte-Adèle. En causant avec le directeur de l'école et avec les étudiants, je constate que tous les travaux pratiques se font en anglais et que tout le matériel pédagogique est en anglais, même s'il y a six étudiants francophones sur un total de seize. Je suggère au directeur d'organiser des sessions de cours en langue française pour les francophones. Il répond qu'il est d'accord avec moi et, à la fin de la soirée, il me suggère d'écrire à un cadre supérieur de son entreprise. J'envoie donc une lettre à cet effet à M. Solandt, vice-président chargé de la recherche et du développement, de qui relève en définitive l'organisation des cours en étude du travail. Cette tentative ne me vaut qu'un accusé de réception de la part de l'assistant du docteur Solandt.

Une occasion en or se présente au colloque patronal-ouvrier qui se tient à Halifax en septembre, sous les auspices du Conseil.

Parmi les présidents d'entreprise qui y participent, il y a celui du Canadien National, Donald Gordon. Au cours d'une conversation d'une dizaine de minutes, je lui fais part de ce que j'ai observé à l'école d'étude du travail du Canadien National et des propositions que j'ai faites pour corriger la situation. Je lui rapporte les griefs des étudiants francophones qui auraient aimé étudier dans leur langue. Je lui dis que, si le Canadien National veut vraiment former une équipe de professeurs francophones en organisation scientifique du travail, il a une belle occasion à saisir en envoyant un ingénieur ou deux au BTE à Paris. Il me dit qu'il va s'en occuper et me demande de lui écrire une lettre pour lui rappeler notre conversation.

Je profite de cet entretien pour parler en faveur de l'usage du français au Canadien National. Je lui signale à ce sujet l'exemple des chemins de fer belges. Je lui montre un extrait de la déclaration commune sur la productivité, signée par les associations patronales et ouvrières de Belgique, dans laquelle on s'engage à respecter, au travail même, la langue des ouvriers.

Dès mon retour à Québec, j'écris une longue lettre à Donald Gordon pour lui rappeler notre conversation et lui proposer l'envoi d'un ingénieur au BTE. Quelques jours plus tard, je reçois sa réponse. Il m'apprend qu'il a demandé à ses cadres de donner suite à ma suggestion après avoir fait une enquête appropriée. Je reçois donc rapidement des demandes de renseignements de la part du directeur des relations extérieures, du directeur de la région du Saint-Laurent et du représentant de celui-ci à Québec. Le tout est mené rondement, si bien que le Canadien National envoie un ingénieur en stage au BTE à la fin d'octobre 1962.

En apprenant cette nouvelle, le directeur général de l'Association professionnelle des industriels (API) décide de redevenir un bailleur de fonds. Charles Lebrun me fait part de sa décision en ces termes: «Si le Canadien National embarque, nous aussi on embarque.»

Le ministère de la Jeunesse du Québec fournit lui aussi une contribution pour permettre à quatre ingénieurs de participer au stage à Paris. En vertu d'une entente fédérale-provinciale sur la formation technique et professionnelle, Ottawa rembourse la moitié des dépenses faites par le gouvernement du Québec à cet égard, à condition que certains critères soient respectés. Le ministère de la Jeunesse du Québec s'adresse à son interlocuteur, le ministère fédéral du Travail, pour savoir si Ottawa considère le stage au BTE comme une activité qui peut faire partie de l'entente fédérale-provinciale.

On va voir comment fonctionne en pratique ce fameux «plan conjoint», à quelle épreuve il soumet l'autonomie du Québec et à quelles pressions homogénéisatrices il peut prêter le flanc. La séance de négociation a lieu le 1er octobre 1962. Pour commencer, le représentant du gouvernement fédéral, M. Harrower, ne sait pas un mot de français et ne semble en ressentir aucune gêne. Il faut donc que les autres participants, qui sont tous francophones, s'expriment en anglais.

Toutes ces personnes, dont deux du ministère de la Jeunesse et deux autres du ministère de l'Industrie et du Commerce du Québec, doivent passer une demi-journée complète avec lui, pour expliquer et justifier une initiative qui relève pourtant de la seule compétence constitutionnelle du Québec, et pour le financement de laquelle il devrait disposer par sa propre fiscalité des moyens nécessaires. Ottawa veut savoir si les promoteurs du projet sont prêts à intégrer l'organisme naissant dans un réseau canadien et à faire profiter les citoyens d'autres provinces de ses services. Le représentant du gouvernement fédéral a l'indécence et l'insolence de demander si les promoteurs ont pris soin de s'assurer que les ingénieurs recrutés pour aller à Paris savent l'anglais. Je ne peux m'empêcher d'exprimer mon étonnement devant ce zèle étrange et soudain d'Ottawa pour le bilinguisme. À titre de membre du comité de recrutement et de sélection, je réponds que tous les ingénieurs choisis sont des francophones et que je ne sais pas s'ils sont bilingues. L'administrateur québécois de l'entente fédérale-provinciale demande à son tour au représentant du ministère du Travail du Canada si le centre d'étude du travail dont la création est envisagée à la frontière de l'Ontario et du Manitoba sera bilingue. Son interlocuteur se contente de sourire avec arrogance.

L'homme d'Ottawa veut savoir si les promoteurs québécois de l'opération BTE ont songé à faire étudier les ingénieurs au Canada plutôt qu'à l'étranger. Je lui réponds que tous les services publics, organismes ou entreprises auxquels le CNP s'adresse pour donner des cours en organisation scientifique du travail au Canada ne peuvent fournir que des professeurs anglophones, dont plusieurs sont recrutés en Angleterre.

Au cours de la même réunion, il est question des cliniques industrielles organisées par le ministère de l'Industrie et du Commerce du Québec. Il s'agit de sessions d'étude et de formation à l'intention des chefs d'entreprise. L'enjeu de la négociation est une bagatelle de 3000 $, c'est-à-dire la moitié de ce que le Québec a dépensé à cette fin au cours de la précédente année fiscale. Le gouvernement du Québec est d'avis que cette dépense est couverte par l'entente fédérale-provinciale sur la formation technique et professionnelle.

Ottawa trouve que la formule des cliniques industrielles est excellente mais qu'elle ne cadre pas exactement avec les plans élaborés dans ce domaine par la division des petites entreprises du ministère du Commerce du Canada. Non seulement le représentant du gouvernement fédéral demande-t-il à Québec d'abandonner sa formule et d'adopter celle d'Ottawa, mais encore il fait pression pour que la responsabilité de cet enseignement soit transférée du ministère de l'Industrie et du Commerce du Québec au ministère de la Jeunesse, c'est-à-dire au ministère qui a signé l'entente fédérale-provinciale, afin de faciliter le contrôle d'Ottawa sur l'ensemble des programmes. C'est ainsi qu'il demande si le chef de la division des services techniques du ministère de l'Industrie et du Commerce du Québec a rencontré la semaine précédente, comme convenu, le chef du service des cours de rationalisation du travail du ministère de la Jeunesse du Québec. Ce fonctionnaire québécois et plusieurs autres de ses compagnons de travail doivent pendant des mois consacrer beaucoup de temps à la récupération des 3000 $: rédaction de rapports, réunions, conversations téléphoniques, etc. Pour cette faible somme, que le gouvernement fédéral n'acceptera même pas de payer, celui-ci a pu se livrer à un assaut systématique sur des fonctionnaires du Québec, chercher à imposer des normes pancanadiennes dans un domaine de compétence québécoise et s'immiscer à l'intérieur même des structures et du fonctionnement de la machine administrative «provinciale».

Le ministère du Travail du Canada finira par s'acquitter de la responsabilité qui lui incombe en ce qui concerne l'envoi d'ingénieurs au BTE. La Confédération des syndicats nationaux, qui est représentée au sein du conseil d'administration du CNP, décide de recruter elle-même un ingénieur et de l'envoyer à ses frais au BTE. En définitive, le groupe quitte le Québec pour la France le 30 octobre 1962.

L'organisme créé au Québec pour être l'interlocuteur du BTE dans cette opération s'appelle le Centre d'organisation scientifique de l'entreprise (COSE). C'est un organisme privé sans but lucratif. Je suis bien décidé à faire en sorte que ce centre ne soit pas une entité mixte (fédérale-provinciale) mais bien une personne morale exclusivement québécoise. Je prends donc les dispositions voulues pour que les signataires de la demande de lettres patentes à cet effet soient tous des représentants d'institutions québécoises. Il s'agit du Conseil d'orientation économique, du ministère de l'Industrie et du Commerce et de la Confédération des syndicats nationaux. Cette demande est faite aux services officiels québécois compétents le 5 octobre et reçoit une réponse favorable le 17 octobre.

Les ingénieurs québécois parrainés par le BTE, dont cinq font partie de l'équipe du COSE, effectuent un excellent stage en France. Quatre des cinq ingénieurs du COSE ont été recrutés grâce à la collaboration de mon frère, Albert, qui a été l'un de leurs professeurs au Département de génie chimique de l'Université Laval. En plus de suivre des cours au BTE, ils sont en rapport avec des organismes français qui s'intéressent à la productivité, par exemple l'Institut français des techniques d'implantation et de manutention (IFTIM). À la fin de leur séjour en France, ils prennent contact avec des organismes de quelques pays européens.

À leur retour au Québec, les ingénieurs du COSE préparent un ensemble de cours qui s'adressent aux dirigeants d'entreprise. Très rapidement, par la suite, ils donnent aussi des cours à l'intention des cadres intermédiaires et des contremaîtres. Entre 1964 et 1974, la majorité des conseillers de la CSN (Confédération des syndicats nationaux) et de la CSD (Centrale des syndicats démocratiques) suivent des cours donnés par le COSE.

Depuis sa fondation jusqu'à aujourd'hui, le COSE fait un excellent travail. Jusqu'en 1974, il reçoit l'assistance financière du gouvernement fédéral, qui met gratuitement à sa disposition des locaux dans le bureau de poste situé au coin des rues Cathcart et Université, à Montréal. Quant au gouvernement du Québec, il accorde une subvention au COSE jusqu'en 1974. Par la suite, le COSE devient une entreprise à but lucratif, un bureau privé de conseillers en gestion. Aujourd'hui, le répertoire du COSE compte une soixantaine de cours.

À l'occasion de sa campagne en faveur de l'organisation scientifique du travail, le CNP accorde une grande importance à des techniques spécialisées de même qu'à un champ d'action particulier, la manutention. Après avoir participé à une table ronde et à des entretiens avec les dirigeants de l'American Material Handling Society, une équipe du Conseil avait demandé aux diverses sections de cette association d'offrir leurs services aux délégués régionaux.

C'est ainsi qu'un jour je reçois une lettre de l'un des principaux directeurs de la section montréalaise. Je suis embarrassé par cette offre. Je ne peux pas en effet l'écarter du revers de la main, mais je suis très sceptique quant à l'aptitude de l'AMHS à travailler en français. Après avoir longuement examiné la documentation qu'on m'a fait parvenir, je constate que l'une des principales réalisations au crédit de cette association est l'organisation de cours du soir à l'Université McGill. Il me semble donc que la meilleure façon de réagir à l'offre de services de l'AMHS est de l'inviter à mettre sur

pied une série de cours en français sur la manutention en collaboration avec l'Université de Montréal.

Je demande donc au directeur de l'extension de l'enseignement
de l'Université de Montréal de convoquer une réunion à cette fin,
en y invitant des représentants d'associations patronales comptant
de nombreux francophones. Je lui suggère aussi d'inviter des
professeurs de l'École polytechnique de Montréal et je l'informe
que le délégué général du BTE est prêt à participer à cette table
ronde.

La réunion a lieu à l'Université de Montréal le 1er juin 1962. La
section montréalaise de l'AMHS est représentée par six personnes
dont l'une a déjà donné des cours sur la manutention à l'École
polytechnique. L'Université de Montréal est représentée par
l'assistant du recteur, le directeur de l'extension de l'enseignement
et deux professeurs de l'École polytechnique. L'Association
professionnelle des industriels et l'Association des manufacturiers
canadiens sont représentées chacune par un observateur. Enfin, il y
a le délégué général du BTE, Georges Lubert.

La séance se déroule sans incident jusqu'au moment où il est
question de l'emploi du français comme langue d'enseignement et
de la participation éventuelle de la France. Je suggère que l'AMHS
invite un expert de l'Institut français des techniques d'implantation
et de manutention (IFTIM), organisme correspondant de l'AMHS,
pour des cours sur la manutention. Un représentant anglophone de
l'AMHS se prononce contre l'intervention de Français dans cette
affaire. Il estime que les Canadiens devraient régler cette question
entre eux. Il ajoute qu'il s'agit là d'un domaine où l'Europe et
l'Amérique du Nord ne sont pas au diapason. En Angleterre, dit-
il, on n'utilise pas le même vocabulaire qu'en Amérique du Nord.
Un autre représentant anglophone intervient pour faire remarquer
que les ouvriers francophones utilisent régulièrement un grand
nombre de termes anglais sur la manutention au cours de leur
travail. L'assistant du recteur de l'Université de Montréal, qui est
en même temps secrétaire de l'Association des universités partiellement ou entièrement de langue française (AUPELF), affirme

catégoriquement que les cours se donneront en excellent français ou ne se donneront pas du tout. Il se déclare en faveur d'une étroite liaison avec la France dans ce domaine, ce qui met un terme au projet de l'AMHS et du Conseil national de la productivité. Après la réunion, un représentant anglophone de l'AMHS vient me demander si je travaille pour le gouvernement du Québec. Il est estomaqué de mon comportement, vu que je suis un employé d'une agence du gouvernement fédéral.

L'équipe d'Ottawa du Conseil cherche à me faire accepter les services d'un cabinet d'organisation d'Angleterre, connu sous le nom de P.A. Management Consultants. On arrange à cette fin une visite au siège social de cette entreprise à Londres. Cela se passe lors de mon voyage en Europe, en février 1962. J'accompagne à cette occasion le directeur général du Conseil, John G. Dickinson, le directeur national pressenti de l'étude du travail au Canada, G. Lehman, et le chef de la division des services techniques au ministère de l'Industrie et du Commerce du Québec, Louis de Gonzague Dubois.

Après mon retour à Québec, le directeur de la succursale montréalaise de ce groupe de conseillers se met en rapport avec moi à quelques reprises et propose de me rencontrer, avec Louis de Gonzague Dubois. Il veut nous proposer les services de son entreprise en vue de l'organisation de cours sur l'étude du travail et sur d'autres questions concernant la direction des entreprises. Face aux réticences de Louis de Gonzague Dubois, mon inter-locuteur de P.A. Management Consultants abandonne son projet. Je dois avouer que je ne pousse pas très fort à la roue. Le deuxième directeur général du Conseil, Floyd Henry, m'en parle une fois par la suite, mais sans insister. En définitive, les choses en restent là.

Mon expérience au Conseil national de la productivité m'amène inéluctablement à la conclusion que je ne pourrai jamais plus faire un travail efficace pour le Canada français au sein de cet organisme. J'ai l'impression d'être dans la même situation qu'un agriculteur qui serait condamné à faire pousser des fleurs et des plantes haut de gamme dans une «terre de roche». Pour obtenir le moindre résultat, il faut toujours ramer à contre-courant, rappeler constamment sa différence, déployer des efforts inouïs absolument disproportionnés, bref faire comme le cultivateur sur sa terre de roche, c'est-à-dire sarcler sans arrêt et sans résultat. En somme, les fruits que l'on veut produire sont incompatibles avec la nature même du terrain.

Pourquoi alors choisir le masochisme, pourquoi s'infliger le supplice de Sisyphe, c'est-à-dire chercher à construire le Canada français sur la colline parlementaire d'Ottawa, terre allergique, lorsque le seul terrain propice pour ce grand dessein est celui de la colline parlementaire de Québec, terre française. Voilà le sentiment et la conviction profonde qui m'habitent dans la dernière phase de ma présence au Conseil national de la productivité. Il est devenu évident à mes yeux que le Canada français est un corps étranger au sein du Conseil national de la productivité et au sein de l'organisme fédéral.

«Il y a des bourses là-dedans»

AU DÉBUT DE NOVEMBRE 1962, c'est-à-dire onze mois après mon entrée au Conseil national de la productivité, je reviens dans la fonction publique québécoise, au Conseil d'orientation économique. Le directeur général de cet organisme me confie déjà des travaux depuis quelque temps. C'est l'époque où la Révolution tranquille est en plein essor. Le Conseil d'orientation économique est un exemple typique de ces institutions nouvelles et de ces initiatives qui foisonnent au Québec. Il s'agit de bâtir un État moderne qui sera le catalyseur de la créativité libérée par la mort récente de Maurice Duplessis. Le Conseil d'orientation économique est censé devenir l'instrument de la planification économique. Au Québec, à cette époque, on s'inspire du modèle français dans ce domaine.

Le directeur général du Conseil, Maurice Joubert, me confie la tâche de préparer l'ébauche d'une politique de productivité pour le Québec. Parmi les nombreux éléments de cette politique, il y a notamment les missions à l'étranger. Dans les années qui suivent la deuxième guerre mondiale, on met sur pied outre-Atlantique l'Agence européenne de productivité. Elle organise massivement des missions aux États-Unis à l'intention des dirigeants d'entreprise européens. Le Conseil national de la productivité attache lui aussi beaucoup d'importance aux missions à l'étranger. L'expérience toute récente du Centre d'organisation scientifique de l'entreprise (COSE), à laquelle a été mêlé le directeur général du Conseil d'orientation économique, fournit une preuve tangible de l'opportunité de la coopération internationale.

Il est donc facile de comprendre pourquoi Maurice Joubert me charge de suivre de près les premières démarches du Québec sur la scène internationale. La première occasion ne tarde pas à se présenter. En 1961, à l'occasion de l'inauguration de la Délégation générale du Québec à Paris, le premier ministre québécois, Jean Lesage, se rend en France pour inciter le gouvernement et les entreprises de ce pays, en particulier le monde de la finance, à participer à l'effort de développement économique du Québec.

Environ un an plus tard, en octobre 1962, dans la foulée de ce voyage, une importante mission française dirigée par Wilfrid Baumgartner, président de la Banque de France, vient au Québec. Dans la délégation française, il y a notamment Marcel Demonque, président des Ciments Lafarge et président de l'Association pour l'organisation des stages en France (ASTEF). Le Conseil d'orientation économique organise le programme de la mission et participe à la plupart des entretiens des Français avec leurs interlocuteurs québécois. En conclusion, les Français se disent très intéressés par des investissements au Québec, mais ils insistent sur le fait que la collaboration économique entre les deux pays doit commencer par des échanges de personnes. Apprendre aux dirigeants d'entreprise, aux ingénieurs et aux techniciens québécois et français à mieux se connaître, à travailler ensemble, est un préalable absolument nécessaire.

Après le retour de la mission Baumgartner en France, le Conseil d'orientation économique assure le suivi de l'opération et organise de nombreuses réunions à cette fin. C'est ainsi qu'il décide de poursuivre la compilation de statistiques et la préparation d'une documentation de première valeur pour alimenter les travaux de l'équipe française qui, de son côté, tient des séances régulières.

L'idée d'une convention franco-québécoise qui mettrait en place des programmes d'échanges de personnes flotte dans l'air. Du côté français, c'est l'ASTEF qui serait le maître d'œuvre.

L'organisme, même s'il est juridiquement d'ordre privé, est le bras séculier du ministère de l'Économie et des Finances; celui-ci le subventionne à environ 90 pour 100. Le ministère de l'Économie et des Finances est chargé des relations économiques de la France avec l'étranger.

Il faut trouver un interlocuteur québécois à l'ASTEF dans les pourparlers qui s'engageront éventuellement. Lors d'une réunion convoquée par le Conseil d'orientation économique, à laquelle participent des représentants du ministère de l'Industrie et du Commerce ainsi que des fonctionnaires du ministère de la Jeunesse, l'affaire est réglée rapidement et d'une manière surprenante. C'est le ministère de l'Industrie et du Commerce qui est normalement l'interlocuteur québécois tout désigné. Son sous-ministre, René Tremblay, est d'ailleurs présent. Il ne faut pas oublier qu'à cette époque le ministère de la Jeunesse, qui deviendra bientôt le ministère de l'Éducation (le 13 mai 1964) et qui est dirigé par le ministre Paul-Gérin Lajoie, est l'un des plus dynamiques du gouvernement québécois. Un de ses représentants, Rémi Mayrand, rappelle à cette occasion que le ministère de la Jeunesse mène actuellement une action auprès des autres ministères afin de centraliser tous les systèmes de bourses qui existent au sein de l'appareil gouvernemental. Le sous-ministre René Tremblay dit alors, au sujet du projet de convention avec l'ASTEF: «Il y a des bourses là-dedans», ce qui l'autorise à conclure que l'interlocuteur québécois de l'ASTEF doit être le ministère de la Jeunesse.

Il ne s'agit pas pourtant de bourses classiques destinées à des étudiants désireux de fréquenter un établissement d'enseignement, mais de bourses pour ingénieurs ou techniciens confirmés, donc avec une bonne expérience professionnelle, afin de leur permettre d'effectuer un stage pratique de courte durée dans une entreprise française. Le programme éventuel de coopération entre le Québec et la France ne comporte d'ailleurs pas que des stages, mais encore des missions pour dirigeants d'entreprise et des échanges de toutes sortes dans les domaines de l'industrie et de l'économie en général. Au début de mars 1963, René Tremblay quitte son poste de sous-ministre et se lance en politique au sein du Parti libéral du Canada.

À la fin de mai 1963, le directeur général de l'ASTEF, J. Vattaire, arrive à Québec pour mettre au point le texte d'une convention franco-québécoise dans le domaine de la coopération technique, industrielle et économique. Le directeur général du Conseil d'orientation économique me confie la tâche d'organiser son séjour et de collaborer avec lui à la rédaction du texte définitif. Celui-ci deviendra, une fois signé en 1964, la première entente franco-québécoise ayant comme signataire un ministre québécois. Il s'agit de Paul-Gérin Lajoie; son interlocuteur est le président de l'ASTEF.

À la fin d'octobre 1963, je deviens conseiller technique au ministère de la Jeunesse et on me confie le dossier de la coopération internationale. C'est ainsi que je serai bientôt chargé de la mise en œuvre de la convention intervenue entre le ministre de la Jeunesse et le président de l'ASTEF. Le 26 janvier 1965, par suite d'une décision du Conseil de la trésorerie, je deviens directeur du Service de la coopération avec l'extérieur au ministère de l'Éducation. Pendant plusieurs années, c'est le ministère de l'Éducation qui est chargé de l'application de l'entente avec l'ASTEF. Par la suite, le ministère des Affaires intergouvernementales assumera cette responsabilité, en concertation très étroite avec le ministère de l'Industrie et du Commerce. (Il est bon de noter que le ministère des Affaires intergouvernementales n'existe pas encore en 1964 lors de la conclusion de l'entente entre le ministère de la Jeunesse et l'ASTEF.)

Démarches du Québec
auprès de la Belgique

Au cours de l'automne 1963, je me mets en rapport avec le consul général de Belgique à Montréal en vue de sonder le terrain au sujet de la conclusion éventuelle d'une entente semblable à celle qui se prépare entre le Québec et la France. J'effectue ces démarches avec l'approbation des autorités du ministère de la Jeunesse. Ce que je propose au consul général, c'est que les négociations, le cas échéant, se déroulent directement entre interlocuteurs québécois et belges.

À la suite d'un certain nombre d'échanges, le consul général de Belgique m'informe que des fonctionnaires belges, notamment des représentants du ministère chargé de l'éducation et d'autres de l'Office belge du commerce extérieur, sont prêts à me recevoir à Bruxelles. Pour bien m'assurer qu'il n'y aura pas de malentendu sur ce point, je demande si l'on est vraiment prêt à me recevoir sans la participation d'un représentant de l'ambassade du Canada. On me confirme que c'est bien ainsi que les choses se passeront.

Dès mon arrivée à l'aéroport de Bruxelles (le 26 mai 1964, je crois), une limousine m'attend. Au cours du déplacement entre l'aéroport et l'immeuble où doit avoir lieu la séance de travail, le fonctionnaire belge qui m'accompagne me dit que l'ambassade canadienne a décidé de déléguer quelqu'un qui sera présent à la réunion. Je rappelle l'engagement pris par les autorités belges à ce sujet et je déclare que, s'il y a un représentant de l'ambassade canadienne à la réunion, je n'y participerai pas.

Une fois rendu à destination, un autre fonctionnaire — de rang plus élevé, je présume — vient me rencontrer pour voir de quoi il s'agit. Je lui répète ce que j'ai dit plus tôt à son collègue. Voyant ma détermination, qui n'est absolument pas feinte, il s'absente en me demandant d'attendre son retour. Je constate autour de moi un branlebas de combat. Un quart d'heure plus tard environ, on vient me dire que les choses s'arrangent bien et que la séance de travail pourra avoir lieu puisque le représentant de l'ambassade canadienne est empêché de venir pour cause de maladie.

Quelques semaines plus tard (le 3 juillet, je crois), quelques-unes des personnalités belges que j'ai rencontrées à Bruxelles arrivent à Québec à l'occasion d'un voyage au Canada. Elles demandent à rencontrer le ministre Paul-Gérin Lajoie. On se rend facilement compte, au ministère de l'Éducation, que les Belges veulent savoir si je suis un franc-tireur ou si j'agis avec le consentement des autorités politiques québécoises. Vu que le ministre de l'Éducation n'a aucunement l'intention de me désavouer, mais au contraire d'affirmer clairement la solidarité qui existe entre nous, il prépare une mise en scène qui dissipera tout malentendu. Il me demande donc de venir avec lui dans son bureau et d'en sortir à ses côtés une fois que les visiteurs belges seront installés dans l'antichambre. C'est ainsi que les choses se passent effectivement. Je me souviendrai toujours de l'effet produit sur les représentants belges par cette entrée en scène évidemment inattendue de leur part.

Ottawa veut empêcher
une mission de l'OCDE

En 1963, je crois, à l'occasion d'une série d'enquêtes sur l'enseignement technique et professionnel dans quelques-uns de ses pays membres, l'OCDE envoie une mission au Canada. Cette mission est dirigée par un Français et comprend des représentants de plusieurs pays, dont un Britannique.

Le chef de la mission connaît Roger Grégoire, conseiller d'État en France et conseiller spécial auprès du secrétaire général de l'OCDE. J'avais rencontré Roger Grégoire à quelques reprises depuis l'époque (1962) où je travaillais au Conseil national de la productivité. Roger Grégoire, ex-directeur général de l'ex-Agence européenne de productivité, avait eu l'occasion, au cours des dernières années, de se mettre au courant du différend Québec-Ottawa en matière constitutionnelle et en particulier dans le domaine des relations internationales. Lors d'une mission au Québec, en 1962, il avait rencontré les membres du comité d'enquête sur l'enseignement technique et spécialisé.

Ottawa se considérant comme le seul porte-parole valable et autorisé auprès des organismes internationaux dont le Canada est membre, c'est le ministère fédéral du Travail qui est chargé par le gouvernement central de fournir à l'OCDE les renseignements que

celle-ci désire obtenir, notamment sur l'enseignement professionnel et technique au Québec. Le ministère du Travail du Canada
justifie sa compétence technique dans ce domaine par le fait qu'il
participe à certains programmes fédéraux-provinciaux avec le
ministère de la Jeunesse du Québec.

Le chef de la mission de l'OCDE tient à venir à Québec pour
y rencontrer les autorités du ministère de la Jeunesse. Ottawa
refuse. Le chef de la mission se met alors en rapport avec ses
supérieurs à Paris, qui lui enjoignent de se rendre à Québec. C'est
ainsi que les représentants de l'OCDE pourront rencontrer des
personnes vraiment compétentes, capables de les renseigner de
première main.

Pendant leur séjour à Québec, le 3 décembre 1963, les membres de la mission sont reçus à un déjeuner au Cercle universitaire.
Ils s'entretiennent notamment à cette occasion avec le ministre de
la Jeunesse, Paul-Gérin Lajoie, le président de la commission
d'enquête sur l'éducation au Québec, monseigneur Alphonse-
Marie Parent, et le conseiller spécial du ministre, Arthur Tremblay.
Toutes les conversations se déroulent en français. Une seule personne ne connaît pas cette langue, c'est le fonctionnaire représentant le ministère du Travail du Canada. De temps à autre, le
membre britannique de la mission lui traduit quelques bouts de
conversation.

«M. Lesage en a-t-il parlé au général de Gaulle?»

Dès mon arrivée au ministère de la Jeunesse, à la fin d'octobre 1963, on me confie un projet auquel je n'ai pas participé jusqu'à maintenant. Il s'agit de l'envoi d'une dizaine de hauts fonctionnaires québécois pour un an à Paris, à l'École nationale d'administration (ENA). L'opération est amorcée en France par Philippe Rossillon et quelques éminences grises de la francophonie. L'objectif visé est de faire en sorte que hauts fonctionnaires québécois et français se côtoient pendant une année, ce qui devrait entraîner des retombées plus tard sous forme de concertation entre les deux administrations.

La fin de l'année 1963 est proche et l'arrivée des stagiaires québécois en France doit avoir lieu au plus tard au début de janvier 1964. Au risque de retarder d'un an l'ensemble de l'opération, il faut en catastrophe choisir les candidats et remplir rapidement toutes les formalités administratives indispensables, dont la plus importante est l'approbation par les plus hautes autorités des crédits nécessaires.

À cette époque, André Dolbec est contrôleur de la Trésorerie; quant à George Marler, il est membre et, en pratique, vice-président du Conseil de la trésorerie. Ce tandem est tout-puissant car c'est lui qui, en définitive, a le dernier mot en ce qui concerne les décisions importantes du gouvernement en matière de dépenses. Ces deux personnalités me convoquent un jour pour en savoir davantage sur l'opération ENA. Pendant près d'une heure, je leur fournis au meilleur de ma connaissance les renseignements demandés. J'ai l'impression — pour employer un euphémisme — que cette opération ne les emballe pas. À mon grand étonnement, ils me demandent à brûle-pourpoint si «Monsieur Lesage» a parlé de cette affaire au général de Gaulle lors de son dernier voyage en France, en mai 1963. N'en sachant absolument rien, mais étant bien conscient du fait que ma réponse deviendra l'élément déterminant de leur décision, je déclare sans hésiter qu'effectivement le premier ministre du Québec en a parlé au président de la République française.

Pour bien situer cet entretien à l'intérieur de l'opération ENA à la fin de l'année 1963, voici la chronologie des principaux événements pertinents. Le 31 octobre, c'est-à-dire deux jours après mon entrée en fonction au ministère de la Jeunesse, Robert Morin, adjoint au ministre Paul-Gérin Lajoie, m'informe que le Conseil des ministres a autorisé l'envoi de fonctionnaires à l'ENA. Le 13 décembre, au moment où l'organisation de cette opération est très avancée, j'apprends avec étonnement que le Conseil de la trésorerie n'a pas approuvé cette affaire. Le premier ministre, Jean Lesage, en sa qualité de ministre des Finances, est pourtant le président de ce comité du Conseil des ministres. Le jour même, je communique malgré tout avec les candidats pour les informer qu'ils ont été choisis pour aller en France. Le 17 décembre, avec le concours de Jean-Charles McGee, qui travaille au Conseil de la trésorerie, je prépare une nouvelle demande (CT) de crédits. C'est le lendemain, le 18 décembre, que George Marler et André Dolbec me convoquent pour la longue conversation dont je fais état dans le paragraphe précédent.

Le 19 décembre, je communique par téléphone avec André Dolbec. Le «coup» de la conversation hypothétique entre le général de Gaulle et Jean Lesage a produit son effet: je peux en effet procéder aux dernières démarches en vue de l'envoi de fonctionnaires québécois à l'ENA. Le lendemain, je rédige les lettres destinées aux stagiaires. Le ministre Paul-Gérin Lajoie les signe et on les met à la poste le 23 décembre. Le 27 décembre, je communique avec Jean-Charles McGee pour avoir des détails au sujet de la décision du Conseil de la trésorerie. Il m'apprend que le gouvernement remboursera les dépenses de voyage aux stagiaires et leur paiera une indemnité de vie chère. Je dois avertir les directeurs du personnel que chaque stagiaire est obligé de demander un congé avec traitement et que chaque ministère intéressé doit préparer un projet d'arrêté en conseil (décret) au sujet de l'indemnité de vie chère. Le 10 janvier 1964, six fonctionnaires québécois partent pour l'ENA. Il s'agit de Jean-Guy Fredette, J.-P. Michel, Marc Morin, Lionel Ouellet, Jacques Asselin et Claude Courville.

Les pourparlers en 1963 au sujet de cette opération se déroulent directement et essentiellement entre Québec et Paris. Mais, comme il faut s'y attendre, Ottawa décide de s'immiscer dans une affaire déjà pratiquement réglée qui concerne exclusivement le Québec car il s'agit du perfectionnement de ses propres fonctionnaires. Le travail étant déjà très avancé, il ne reste plus au gouvernement fédéral qu'à «chapeauter» cette entente pour bien montrer qu'il est le seul maître en matière de «politique étrangère». Il en profite aussi pour prévoir dans cette entente que quelques-uns de ses propres fonctionnaires pourront s'ajouter au groupe québécois au cours des prochaines années.

Le gouvernement du Québec continuera pendant une dizaine d'années d'envoyer des fonctionnaires à l'ENA (près d'une soixantaine en tout) pour des stages de douze mois, jusqu'à la création de l'École nationale d'administration publique (ENAP) au Québec. Par la suite, l'ENAP enverra quelques-uns de ses diplômés faire un stage de courte durée en France.

«Si c'est comme ça, les Sœurs de la Providence vont quitter le Québec»

E N JUIN 1964, les infirmières qui travaillent dans plus d'une dizaine d'hôpitaux de la région montréalaise menacent de déclencher la grève. L'Alliance des infirmières de Montréal réclame l'insertion dans les conventions collectives d'une clause qui donnerait le droit à une infirmière laïque d'accéder, «à compétence égale et après concours», au poste d'«hospitalière» (infirmière-chef). Jusqu'à présent, les Sœurs de la Providence, qui sont propriétaires de plusieurs des établissements visés, sont les seules à occuper cette fonction dans leurs hôpitaux.

La colère des infirmières s'explique en grande partie par la démission du président du tribunal d'arbitrage, Paul L'Heureux, après sept séances de délibération. Il faudrait donc, en principe, recommencer tout le processus de l'arbitrage, lequel a déjà duré plus de six mois. La date d'expiration de la plupart des conventions collectives visées remonte à la mi-février 1963. Les négociations ont commencé il y a environ quinze mois et il faudrait attendre encore au moins six autres mois avant la fin des travaux d'un nouveau tribunal d'arbitrage.

L'Alliance des infirmières de Montréal, comme d'autres syndicats dans le domaine hospitalier, réclame la reprise des négociations en présence de représentants du gouvernement car celui-ci, qui subventionne les hôpitaux, est considéré comme le véritable employeur. Le syndicat soutient que son absence à la table des négociations retarde indéfiniment le règlement des conflits. Le gouvernement désigne donc Roch Bolduc et moi-même comme ses porte-parole dans cette affaire.

Au cours de la médiation, une religieuse me dit que l'économe provinciale de sa communauté désire me rencontrer. Je me rends donc au bureau de sœur Marie du Calvaire. Les Sœurs de la Providence, dit-elle, ont des hôpitaux non seulement au Québec mais aussi dans d'autres provinces canadiennes et ailleurs dans le monde. Plusieurs pays, ajoute-t-elle, réclament leur présence. Nous tenons pour essentielle à notre efficacité la pratique selon laquelle nous faisons circuler nos religieuses d'un hôpital à l'autre en leur réservant partout la fonction d'«hospitalière». Si un jour il devenait impossible de continuer à agir ainsi dans les hôpitaux québécois, nous nous retirerions du Québec et nous irions ailleurs.

Invité par Jean Lesage à faire rapport au Conseil des ministres, j'explique mon travail de médiation et, bien sûr, j'évoque mon entretien avec l'économe provinciale des Sœurs de la Providence, en particulier l'avertissement qu'elle m'a donné. Le ministre de la Santé, Alphonse Couturier, déclare immédiatement qu'il faut prendre au sérieux cet avertissement des Sœurs de la Providence. Il affirme que le gouvernement doit faire en sorte que l'Alliance des infirmières de Montréal renonce à sa demande. Le premier ministre est d'accord avec lui.

Quelques jours plus tard, je rencontre par hasard le président de la Confédération des syndicats nationaux, Jean Marchand. Il n'est pas question, dit-il, de faire tourner le conflit actuel en guerre ouverte contre les communautés religieuses. Je présume que Jean Lesage et Jean Marchand, qui sont de bons amis et qui se rencontrent souvent, ont discuté entre eux de cette affaire et que Jean Marchand est intervenu auprès de l'Alliance des infirmières de Montréal.

Le 17 juin, une entente est conclue entre les parties intéressées. La demande syndicale relative à la fonction d'infirmière-chef est abandonnée. Environ 95 pour 100 des infirmières présentes à l'assemblée générale qui a été convoquée pour examiner les offres patronales se prononcent en faveur de leur acceptation. Les nouvelles conventions collectives sont signées au début de juillet 1964.

Le général et le préambule

A U DÉBUT DE 1964, la convention (entente) entre le ministère de la Jeunesse du Québec et l'Association pour l'organisation des stages en France (ASTEF) se concrétise par un échange de lettres entre le ministre Paul-Gérin Lajoie et le président Marcel Demonque. L'ambassadeur de France à Ottawa, Raymond Bousquet, jubile en disant qu'il «leur» a extorqué (aux autorités françaises) une somme énorme, c'est-à-dire 350 000 $.

La signature de cette entente met fin au régime de bourses que l'on appelait communément «France technique». Celles-ci étaient accordées par le conseiller commercial de France à Montréal. Ces bourses avaient connu depuis quelques années une certaine vogue auprès des milieux universitaires québécois, dans les départements où l'on prépare des ingénieurs.

C'est ce qui explique que les premiers clients de la convention franco-québécoise signée au début de 1964 sont des étudiants en génie ou quelquefois des ingénieurs fraîchement émoulus, qui ne font en définitive que se tourner vers une nouvelle adresse. Mes premières tentatives auprès des milieux industriels, notamment celui des ingénieurs-conseils, n'obtiennent aucun succès. L'exécution de l'entente avec l'ASTEF aurait probablement évolué autrement si elle avait été confiée au ministère de l'Industrie et du Commerce plutôt qu'au ministère de la Jeunesse. La clientèle visée par l'ASTEF en effet est celle des dirigeants d'entreprise et des ingénieurs occupant des postes d'autorité. Les premiers Québécois qui vont en France en vertu de l'entente franco-québécoise ne correspondent pas toujours à ce profil.

Au début de 1964, la principale (et presque unique) source de missionnaires et de stagiaires québécois étant le monde universitaire, je concentre mes efforts sur l'organisation d'une mission de directeurs des départements de science et de génie. À la fin du printemps, 14 de ces directeurs effectuent une mission en France.

Un événement de cette envergure, auquel s'ajoutent d'autres missions de personnalités universitaires importantes, ne passe pas inaperçu en France, notamment au ministère des Affaires étrangères. C'est ce ministère qui, habituellement, s'occupe de la coopération internationale intéressant le monde de l'enseignement et de la recherche universitaires. L'ASTEF et son ministère de tutelle, celui de l'Économie et des Finances, doivent s'en tenir en principe au monde industriel et économique.

Le 13 juillet 1964, à l'occasion du passage à Québec d'un groupe de sénateurs français membres de la Commission des affaires culturelles, familiales et sociales de l'Assemblée nationale, l'ambassadeur Raymond Bousquet rencontre le ministre Paul-Gérin Lajoie et lui propose d'engager une négociation qui pourrait déboucher sur un accord de coopération franco-québécois touchant spécifiquement le monde de l'éducation. Le lendemain, je trouve sur mon bureau une petite note signée par Paul-Gérin Lajoie. Celui-ci me fait part du vœu exprimé par l'ambassadeur Bousquet et ajoute: «Peux-tu t'occuper de cette affaire. Bonne chance!»

Dans les semaines et les mois qui suivent, l'ambassadeur revient plusieurs fois à la charge auprès du ministre et du sous-ministre dans le but de faire avancer les négociations, mais presque toujours Paul-Gérin Lajoie et Arthur Tremblay n'ont pas le temps de le recevoir car ils sont trop occupés par la mise en place du ministère de l'Éducation et la réforme en profondeur de l'éducation au Québec. Le bouillant ambassadeur est donc obligé parfois de se rabattre sur moi — directeur de la coopération sans personnel, sinon une secrétaire — car je suis alors le seul interlocuteur disponible. Chaque fois que cela se produit, Raymond Bousquet arrive en trombe dans mon bureau avec ses conseillers de l'ambassade et le personnel du consulat général de France à Québec qu'il entraîne au passage.

En novembre 1964, trois hauts fonctionnaires du ministère de l'Éducation se rendent en France pour élaborer avec leurs homologues français les modalités de certains programmes d'échanges. Il s'agit de Jean-Marie Joly, directeur général des programmes et examens, de Paul-Émile Larose, directeur de l'enseignement spécialisé, et de Roger Langlois, directeur de l'École normale de l'enseignement technique. Une fois rendus à Paris, ils sont étonnés de se voir encadrés, lors d'une réunion tenue le 4 novembre, par de hauts fonctionnaires du ministère des Affaires étrangères qui s'ajoutent à d'autres de l'Éducation nationale et du Cenre national de la recherche scientifique. Le gouvernement central canadien est en effet intervenu pour que l'éventuelle entente franco-québécoise ne soit pas un accord proprement dit selon le droit international public. Ottawa insiste pour que cette entente ait tout simplement la forme d'un procès-verbal d'une réunion de fonctionnaires.

À Québec, la déception est grande. Même si l'on doit se résigner à l'idée que le procès-verbal de cette réunion deviendra le corps de l'entente envisagée, on cherche un moyen de déborder de ce cadre pour lui donner un caractère solennel. Pour y arriver, il faudrait faire intervenir des personnalités politiques et rédiger un préambule de haute volée sur la coopération entre le Québec et la France. Pourquoi ne pas faire entrer en scène, dans ce préambule, le premier ministre du Québec et le président de la République française? Bien entendu, cela risquerait de soulever un tollé à Ottawa. Ne cherchera-t-on pas à faire biffer cette partie du texte? On en arrive à la conclusion que, si l'on met le général de Gaulle dans le préambule, personne ne pourra plus l'en sortir, sauf si celui-ci y consent personnellement.

À la suite de la réunion qui a eu lieu le 4 novembre à Paris, une autre réunion franco-québécoise, à caractère nettement politique cette fois, a lieu à Québec le 20 novembre. Elle est présidée par le ministre Paul-Gérin Lajoie et par l'ambassadeur Raymond Bousquet. Le 21 décembre, le ministre Paul-Gérin Lajoie me demande d'aller le rencontrer le soir, chez lui à Sillery, avec le sous-ministre Arthur Tremblay. C'est à cette occasion que l'on met au point le texte du préambule de l'entente.

Le lendemain, je pars en voiture pour Ottawa au milieu d'une tempête de neige avec le consul général de France à Québec, Robert Picard. Dès notre arrivée à l'ambassade de France, où a lieu une grande réception, Raymond Bousquet quitte précipitamment ses nombreux invités, rassemble tambour battant ses conseillers et vient me trouver pour une séance de travail. Le texte que je lui remets à cette occasion deviendra, avec de légères modifications, le préambule de l'entente qui sera signée à Paris le 27 février 1965. Celle-ci est la première entente intergouvernementale franco-québécoise. Voici quelques extraits du préambule:

MM. Paul-Gérin Lajoie, vice-président du Conseil et ministre de l'Éducation du Québec, et Claude Morin, sous-ministre des Affaires fédérales-provinciales du Québec, d'une part,

MM. Christian Fouchet, ministre de l'Éducation nationale de la République française, et Jean Basdevant, directeur général des Affaires culturelles et techniques au ministère des Affaires étrangères, d'autre part,

se félicitent de l'heureuse évolution des pourparlers qui ont eu lieu au cours des récents mois, en vue de développer la coopération du Québec et de la France dans le domaine de l'éducation. Ces pourparlers ont commencé lors de la visite faite par la délégation de la Commission des affaires culturelles, familiales et sociales de l'Assemblée nationale française à M. Gérin-Lajoie à Québec le 13 juillet 1964. Le projet qui avait été présenté à cette occasion par M. Gérin-Lajoie a fait l'objet, par la suite, d'un entretien entre M. le Président de la République française et M. le Premier Ministre du Québec, le 12 novembre 1964 à Paris [...].

Lors de la réunion du 20 novembre 1964, la délégation du Québec était présidée par M. Paul-Gérin Lajoie, vice-président du Conseil et ministre de l'Éducation du Québec, assisté de M. Arthur Tremblay, sous-ministre de l'Éducation du Québec, et M. Gaston Cholette, directeur de la coopération au ministère de l'Éducation du Québec. La délégation française était présidée par M. Raymond Bousquet, ambassadeur de France au Canada, assisté de M. Jean Basdevant, directeur général des Affaires culturelles et techniques au ministère des Affaires étrangères, et de M. Robert Picard, Consul général de France à Québec.

En vue de renforcer la coopération du Québec et de la France, il est convenu d'organiser un système d'échanges concernant les chercheurs, en particulier dans les domaines de la science et de la médecine, les professeurs d'université et les étudiants titulaires d'un diplôme équivalent au moins à la licence, les professeurs d'écoles normales et d'écoles techniques, ainsi que les spécialistes en éducation physique, sports et éducation populaire.

«Pas de Québécois en Afrique noire francophone», un ministre français

D ANS LES JOURS QUI SUIVENT LA SIGNATURE DE L'ENTENTE franco-
québécoise en matière d'éducation à Paris, le 27 février 1965,
le ministre Paul Gérin-Lajoie rencontre quelques ministres français. Le sous-ministre Arthur Tremblay et moi l'accompagnons
lors de sa visite à Raymond Triboulet, ministre de la coopération,
responsable à ce titre des relations de la France avec l'Afrique
noire.

Après avoir franchi le grillage de l'immeuble du ministère,
nous constatons que personne ne nous attend dans la cour. Nous
nous dirigeons vers l'une des deux portes d'entrée, mais ce n'est
pas la bonne. Empruntant l'autre, nous nous trouvons devant un
bureau surélevé derrière lequel trône l'huissier. Celui-ci nous
demande de remplir une fiche. Paul Gérin-Lajoie lui dit qu'il est le
ministre de l'Éducation du Québec et qu'il est attendu par le
ministre Raymond Triboulet. L'huissier ne bronche pas et demande
encore une fois à son interlocuteur de remplir la fiche. Paul Gérin-
Lajoie, beau joueur, s'exécute.

De longues minutes s'écoulent, pendant lesquelles nous atten-
dons que l'on daigne nous recevoir. Nous voyons alors arriver le
directeur de cabinet du ministre. Il nous harangue pendant deux
minutes environ en nous faisant bien comprendre que la présence

québécoise en Afrique francophone n'est pas désirée. Nous sommes étonnés d'une telle sortie mais Paul Gérin-Lajoie, qui en a vu d'autres dans sa carrière politique, ne s'en fait pas.

Après une nouvelle attente de quelques minutes, le directeur de cabinet nous conduit chez Raymond Triboulet. Celui-ci nous réserve un accueil glacial. Assis derrière son pupitre, au fond d'un grand bureau que nous mettons plusieurs secondes à traverser, il se lève seulement quand nous sommes rendus près de lui. Aussitôt rassis, il se livre à un vigoureux exercice de dissuasion à l'égard de toute velléité québécoise d'intervention en Afrique francophone. Les pays africains qui faisaient récemment encore partie de l'empire français, dit-il, sont désormais officiellement indépendants, mais chacun des ministres de ces pays est flanqué d'un conseiller français. C'est ce conseiller qui prend les décisions. Les Québécois parlent joual, ce qui a déjà contribué, là où ils sont présents, à la dégradation du français parlé par les Africains. Si les Québécois tiennent absolument à jouer un rôle en Afrique, qu'ils aillent dans les pays anglophones.

Après avoir écouté Raymond Triboulet pendant quelques minutes, le ministre Paul Gérin-Lajoie quitte le bureau du ministre français sans engager la conversation. Une fois dehors, il me dit, moqueur: «Eh bien! Gaston, es-tu toujours aussi francophile qu'avant?»

Le 8 août 1953, signature d'une convention collective par des représentants de la compagnie Alcan, à Shawinigan, et du syndicat des ouvriers de cette entreprise, au terme d'une série de séances de conciliation présidées par Gaston Cholette, du ministère du Travail du Québec.

Au cours de la décennie 50, plus de mille personnes travaillent à cette usine de la compagnie Shawinigan Chemicals. Dans une ville comme Shawinigan, où la population est presque entièrement francophone, cette entreprise exige, comme condition d'emploi, que le vigile (gardien de barrière) soit bilingue. Le directeur du personnel, qui défend ce point de vue avec une grande vigueur, ne connaît pas lui-même le français et trouve tout à fait normal de ne pas pouvoir communiquer dans leur langue maternelle avec la quasi-totalité des travailleurs de cette usine.

Le 26 avril 1960, sous le règne de l'Union nationale, quelques jours après sa nomination au poste de secrétaire du Conseil supérieur du travail, Gaston Cholette participe — malgré l'interdit de l'année précédente — au congrès des relations industrielles de l'Université Laval. (Voir le chapitre intitulé «Sans bureau et sans sténodactylo».)

De gauche à droite: Paul Lebel, président du Conseil supérieur du travail; Lewis A. Coses, conférencier invité; Gaston Cholette et le père Georges-Henri Lévesque, doyen de la Faculté des sciences sociales

Photo prise au château Frontenac, en avril 1960, lors du congrès des relations industrielles de l'Université Laval. De gauche à droite: Marcel Pepin, Jean Sirois, Gaston Cholette, Yvan Legault et Gordon Donnelly. De 1959 à 1964, Gaston Cholette est chargé de cours sur la convention collective de travail au Département des relations industrielles de la Faculté des sciences sociales.

Créé en 1943 par le gouvernement d'Adélard Godbout, mais placé en état d'hibernation par Maurice Duplessis, le Conseil supérieur du travail renaît dès mars 1960. Il est tout spécialement chargé de préparer un projet de code du travail. Le 1er septembre 1960, le ministre du Travail dans le nouveau gouvernement de Jean Lesage, René Hamel, participe à la deuxième séance du Conseil, dans l'édifice du Parlement. Sur la photo prise à cette occasion, on voit notamment Jacques Parizeau, futur premier ministre du Québec, derrière Paul Lebel, alors président du Conseil supérieur du travail.

Une autre photo montre le même groupe assis autour de la table. À une extrémité, le ministre et à l'autre, le président! Du même côté que l'auteur, MM. Jacques Parizeau et Marcel Pepin.

Inauguration du 16e congrès des relations industrielles de l'Université Laval, le 10 avril 1961. De gauche à droite: Gérard Dion, Gaston Cholette, Louis-Albert Vachon, Jean-Marie Martin et Émile Gosselin.

Lors de sa présence au Conseil national de la productivité en 1962 à titre de directeur du programme pour le Canada français, Gaston Cholette est chargé d'une mission dans l'Ouest canadien auprès des minorités francophones. Pour préparer cette mission, il prend contact avec le Mouvement Desjardins, en particulier l'Assurance-vie Desjardins, où l'on connaît très bien les chefs de file francophones de l'Ouest canadien et leurs institutions. On le voit ici avec Gérard Barbin, Jean-Paul Langlois et Oscar Mercure.

Le 30 octobre 1967, Yves Gabias, secrétaire de la Province, exhibe ce qui n'est en réalité que l'autorisation qu'il a donnée à l'imprimeur de la Reine de signer une entente administrative avec le directeur adjoint de la Documentation française, M. Crémieux-Breilhac. Sur la photo, on voit notamment MM. Lucien Darveau et Raymond Donnelli, sous-ministres (près de M. Gabias) et Roch Lefebvre (à la gauche de l'auteur), imprimeur de la Reine. Celui-ci est le réel signataire de l'entente.

Lorsque le gouvernement de Jean Lesage réussit à faire accéder le Québec à la scène internationale au début de la décennie 60, l'Union nationale ne manque pas une occasion de décrier les dépenses qui découlent de cette percée vers le grand large. On assimile ces dépenses à des extravagances; on les considère comme l'une des nombreuses facettes de la folie des grandeurs qui, selon l'opposition officielle, caractérise l'action gouvernementale en ces débuts de la Révolution tranquille. Petit à petit, après la conquête du pouvoir par l'Union nationale, en 1966, des députés libéraux commencent à formuler les mêmes critiques contre le nouveau gouvernement, car celui-ci poursuit la même politique que son prédécesseur.

Un jour, Gaston Cholette rencontre par hasard l'ancien ministre de l'Agriculture dans le gouvernement Lesage, Alcide Courcy, et lui parle de cette attitude étrange de plusieurs députés libéraux. Alcide Courcy lui répond en substance que ces critiques vont dans le sens d'un courant dominant dans l'opinion publique. Le Parti libéral, dit-il, aurait tort de ne pas exploiter cette veine, car c'est une pratique qui est rentable.

Debout, le ministre Courcy, 1963.

À la fin de 1963, George Marler est membre et, en pratique, vice-président du Conseil de la trésorerie. André Dolbec est contrôleur de la Trésorerie. Ce tandem est tout-puissant car c'est lui qui, en définitive, a le dernier mot en ce qui concerne les dépenses du gouvernement. Ils ne sont pas favorables à l'envoi de fonctionnaires québécois pour un stage d'un an à l'École nationale d'administration, à Paris. Avant de se décider, ils exigent une réponse à la question suivante: «Monsieur Lesage en a-t-il parlé au général de Gaulle?» Dans *Chroniques des années perdues* (Leméac, 1976, p. 145), l'ancien sous-ministre des Affaires culturelles, l'historien Guy Frégault, signale, sur un ton amer, la toute-puissance du Conseil de la trésorerie et de son contrôleur, André Dolbec.

En 1980, le premier ministre René Lévesque mettait un terme à l'arrogance du Conseil du trésor à l'endroit du secteur culturel, en nommant son ministre des Affaires culturelles à la vice-présidence du Conseil aux côtés d'un président farouchement acquis au développement culturel, Jacques Parizeau. Ce sera l'occasion d'importants déblocages qui permettront l'élargissement du réseau des bibliothèques publiques, un plan sans précédent du développement des musées, un soutien statutaire à de nombreux organismes des arts et de la science, la création d'une Société d'aide aux industries culturelles, un programme de création d'emplois pour les travailleurs culturels. La seule époque où le budget consacré à la «culture» a largement dépassé le fameux 1 % du budget total.

Les élections de 1966. Jean Lesage concède la victoire à Daniel Johnson qui jette un fier regard en direction de son fils. La campagne électorale de 1966 avait, comme arrière-scène, les négociations avec les fonctionnaires de l'État. Gaston Cholette a durement vécu cette campagne électorale. Il raconte dans les chapitres intitulés «La nomination par Jean Lesage d'un nouveau négociateur» et «Les professionnels n'ont pas la sympathie du public: qu'ils mangent de la marde» comment il a reçu à cette occasion «la pire claque» de toute sa carrière et comment le premier ministre Lesage a fait de lui un bouc émissaire.

En octobre 1968, Gaston Cholette effectue une mission en Louisiane pour le compte du ministère des Affaires intergouvernementales. Il s'agit d'étudier l'opportunité de mettre en place un programme d'échanges et de coopération entre cet État américain et le Québec. En 1970, le Québec ouvre une délégation à Lafayette, au cœur de la région acadienne. Depuis le début de la décennie 70 jusqu'à maintenant, en compagnie de la France et de la Belgique, le Québec participe largement aux efforts déployés en Louisiane en faveur de la langue française. La photo que l'on voit ici a été prise dans la localité d'Abbeville, près de Lafayette. Debout, à droite, Roy Thériot, contrôleur du Trésor (Louisiana State Controller) et, à ses côtés, Morris Ford, directeur de l'Office du tourisme de la Louisiane. Les personnes assises sont les membres d'un jury formé pour désigner la reine du festival des produits laitiers.

À la fin d'avril 1969, la première mission dite «de travailleurs» passe quelques jours à l'usine d'Alsthom, à Belfort. À l'occasion de cette mission, quelques dirigeants d'Alsthom amorcent avec J. L. Laroche, ingénieur à Marine Industries, des pourparlers qui conduiront à des accords entre les deux entreprises. De 1969 à 1974, environ 350 personnes participent à plus de 50 missions de cette nature. Il s'agit d'opérations qui visent à sensibiliser des agents d'un même secteur d'activités économiques à l'utilisation du français comme langue du travail. On voit notamment sur cette photo M. Bureau, président du syndicat des travailleurs de Montreal Locomotive Works, M. Langevin, de la CSN (Sorel) et R. Sliger, de la FTQ.

L'Office franco-québécois pour la jeunesse a été créé en 1968 dans la foulée du voyage du général de Gaulle au Québec en 1967. Cet organisme a permis jusqu'à maintenant l'échange de plus de 70 000 jeunes, Québécois et Français. Son conseil d'administration se réunit alternativement au Québec et en France. Présidé à la fois par un ministre québécois et par un ministre français, il est composé de fonctionnaires, de représentants du secteur parapublic et de personnalités du secteur privé. Au centre de la photo, du Cauze de Nazelle, directeur général adjoint des relations culturelles, scientifiques et techniques au ministère français des Affaires étrangères; à sa droite, Francine Fournier, vice-présidente de la Commission des droits de la personne.

Au début de la décennie 70, l'Office de la langue française participe à des expériences pilotes de francisation avec une quinzaine de grandes entreprises. Parmi celles-ci, la Banque royale. On voit ici Gaston Cholette, directeur de l'Office, en compagnie de Jules Dupuis, directeur de la succursale d'Youville, et de Pierre Fréchette, directeur général de la région qui comprend le Québec, le Nouveau-Brunswick et l'est de l'Ontario. La séance de travail a lieu dans le salon de la Banque royale, en mai 1973, à la Place d'Youville à Québec.

Dans l'entente signée par le ministre Paul-Gérin Lajoie et le président de l'ASTEF, Marcel Demonque, en 1964, le Québec et la France mettent en place le Centre de diffusion de la documentation scientifique et technique française au Québec. Cet organisme, qui deviendra par la suite Informatech France-Québec, est désigné dans les accords Bourassa-Chirac de 1974 comme maître d'œuvre au Québec du programme d'échanges franco-québécois en matière d'information scientifique et technique. La photo que l'on voit ici a été prise le 6 juillet 1975 dans les locaux d'Informatech France-Québec, à Montréal. De gauche à droite, le président d'Informatech France-Québec, Gaston Cholette; (à l'arrière) Jean Chapdelaine, délégué général du Québec à Paris; François Cloutier, ministre de l'Éducation; Michel Poniatowski, ministre français de l'Intérieur, et Christiane Scrivener, directrice générale de l'ASTEF.

En 1961, à l'occasion de l'inauguration de la Délégation générale du Québec à Paris, le premier ministre Jean Lesage se rend en France pour inciter le gouvernement et les entreprises de ce pays, en particulier le monde de la finance, à participer à l'effort de développement économique du Québec. Environ un an plus tard, en octobre 1962, dans la foulée de ce voyage, une importante mission française dirigée par Wilfrid Baumgartner, président de la Banque de France, vient au Québec. À la suite de ces visites, le ministre Paul-Gérin Lajoie et le président de l'ASTEF, Marcel Demonque, signent en 1964 la première entente de coopération franco-québécoise. Celle-ci porte sur les échanges d'ordre technique, industriel et économique. Elle sera suivie en 1965 de deux ententes intergouvernementales, l'une en matière d'éducation, l'autre dans le domaine de la culture. C'est le début de la grande percée du Québec sur la scène internationale. L'un des grands moments de la Révolution tranquille. Sur la photo, Gaston Cholette reçoit la médaille de l'ACTIM (autrefois l'ASTEF) à Paris en 1978.

Après le voyage du général de Gaulle au Québec, à l'occasion de l'Exposition universelle de Montréal, le consulat général de France à Québec acquiert en 1968 un statut qui en fait presque une ambassade. Celui-ci devient alors un passage obligé pour la plupart des grandes personnalités françaises en visite au Canada. On voit ici Henri Réthoré (et sa femme qui est à la droite de l'auteur), consul général de France à Québec, lors d'une réception (1980) en l'honneur du commandant Jacques-Yves Cousteau et de sa femme.

1980, Gaston Cholette devient Officier de la Pléiade (Ordre de la francophonie et du dialogue des cultures). À la même occasion, le président de l'Assemblée nationale du Sénégal remet des décorations à Georges-Émile Lapalme, Félix Leclerc et Jean-Marie Laurence, linguiste. L'Ordre de la Pléiade est parrainé par l'Association internationale des parlementaires de langue française.

«Il fallait le dire!»

TOUT AU LONG DE L'ANNÉE 1964 et pendant la première moitié de 1965, au moment où j'occupe le poste de directeur de la coopération avec l'extérieur dans le ministère de Paul Gérin-Lajoie[1], on me confie plusieurs missions dans le domaine des relations patronales-ouvrières. Ces deux années sont marquées par un bouillonnement social qui interpelle l'État, en particulier dans le monde de l'enseignement et celui de la fonction publique.

Le Code du travail, qui entre en vigueur le 1er septembre 1964, ne s'applique pas intégralement au secteur de l'éducation. L'article 143 de la loi 12-13 Élisabeth II, du chapitre 45 de 1964, précise en effet: «Par dérogation aux articles précédents, les articles ci-dessus ne s'appliquent pas aux instituteurs au sens de la Loi de l'instruction publique jusqu'à ce que des dispositions spéciales aient été décrétées à leur sujet...»

Sous la pression des enseignants, qui voudraient être traités comme les salariés visés par le Code du travail, le gouvernement sent le besoin de mettre au point un régime de négociations collectives spécialement adapté au monde de l'éducation. Le ministre de l'Éducation, Paul Gérin-Lajoie, entreprend des démarches en vue

---

1. Le ministère de la Jeunesse devient le ministère de l'Éducation le 19 mai 1964.

de former un comité chargé de mener à bien cette tâche et me demande d'en assumer la présidence. Le 23 septembre 1964, le gouvernement adopte un décret («arrêté en conseil») «concernant la formation d'un Comité chargé d'étudier les conditions de travail des instituteurs au sens de la Loi de l'instruction publique et qui ne sont pas couverts par le Code du travail». Au sein de ce comité, dont je suis nommé le président, il y a notamment Yves Martin, futur sous-ministre de l'Éducation, Raymond Laliberté, président de la Centrale des enseignants du Québec, l'abbé Gérard Dion, du Département des relations industrielles de l'Université Laval et Roch Bolduc, qui joue déjà un rôle important dans l'élaboration de la politique relative à la gestion du personnel dans la fonction publique.

Au début de 1965, après plusieurs semaines de travaux, le comité fait des recommandations unanimes au gouvernement. Très heureux de ce résultat, et après avoir pris connaissance du rapport, le ministre Paul Gérin-Lajoie m'invite à me promener longuement avec lui dans le grand corridor de l'immeuble qui abrite l'Assemblée nationale, à l'étage où celle-ci se réunit pour ses travaux. Il insiste sur l'utilité et l'efficacité de la formule des comités. Nous en profitons pour examiner certaines des conclusions du comité.

À la fin de février 1965, je suis invité à une réunion du Conseil des ministres pour faire rapport des travaux du comité. Il faut ajouter ici, pour l'intelligence de ce qui va suivre, que cette réunion se situe au moment où un autre comité, présidé par Roch Bolduc, étudie le problème des relations de travail (professionnelles) dans la fonction publique, dans le but de jeter les bases d'une éventuelle loi sur la fonction publique. Ce dernier comité, dont je fais partie, comprend notamment des représentants du Syndicat des fonctionnaires provinciaux du Québec. Même si ce comité n'est pas un forum pour la négociation des conditions de travail, les représentants syndicaux qui en sont membres insistent pour que le gouvernement, reconnaissant l'évidente nécessité d'augmenter les salaires, pose un geste immédiat dans ce sens avant même le début de négociations officielles.

Dans la salle du Conseil des ministres, le conseiller juridique du gouvernement, Louis-Philippe Pigeon, est assis à la droite du premier ministre. Quant à moi, je suis juste à côté de Louis-Philippe Pigeon. À un moment donné, Jean Lesage déclare à brûle-pourpoint que le lendemain, à 4 heures de l'après-midi, il va annoncer publiquement que le gouvernement a décidé d'accorder une augmentation générale de 400 $ à ses salariés. J'interviens à ce moment pour dire au premier ministre que, s'il agit ainsi sans en prévenir les dirigeants syndicaux, ceux-ci et les fonctionnaires syndiqués se plaindront d'avoir été court-circuités. Interloqué pendant une fraction de seconde, Jean Lesage devient tout rouge et se met à marteler la table avec son poing en déclarant fortement: «Tant que je serai premier ministre, tant que je serai ministre des Finances, c'est moi qui vais décider.» Il continue en répétant qu'il va faire sa déclaration le lendemain comme prévu.

Pendant cette sortie orageuse, Jean Lesage regarde de temps en temps du coin de l'œil vers sa droite, où se trouve Louis-Philippe Pigeon. Depuis quelques secondes, en effet, celui-ci remue lentement la tête de gauche à droite, en signe de désapprobation. Jean Lesage lui demande ce qu'il pense de tout cela. Louis-Philippe Pigeon répond: «Je suis d'accord avec le directeur.» Jean Lesage est désarçonné pendant une seconde ou deux. Brusquement il se tourne vers moi et me demande quand aura lieu la prochaine réunion du comité d'étude sur les relations de travail dans la fonction publique. Je lui réponds que ce sera le lendemain matin. Vif comme un chat qui retombe sur ses pattes, mais trop orgueilleux pour reconnaître son erreur et toujours enclin à faire porter sa faute par quelqu'un d'autre, il me rétorque: «Il fallait le dire!»

«Le Québec a besoin de vous»

EN 1964 ET EN 1965, comme on l'a vu, je suis souvent en rapport avec Roch Bolduc, qui est déjà en pratique l'homme de confiance du premier ministre en ce qui concerne la politique de gestion du personnel dans la fonction publique. À plusieurs occasions, Roch Bolduc fait des tentatives pour m'inciter à m'occuper à temps plein de la question des relations professionnelles dans la fonction publique, car il ne se sent pas à l'aise dans cet aspect de la politique du personnel. De mon côté, il ne me vient pas une seconde à l'esprit l'idée de recommencer une carrière dans les relations professionnelles (relations industrielles ou relations du travail), car j'ai renoncé définitivement à cette orientation en 1961 lorsque j'ai quitté le ministère du Travail à Québec pour aller au Conseil national de la productivité. C'est donc uniquement pour rendre service à titre occasionnel que j'accepte des missions spéciales à la demande du ministre Paul Gérin-Lajoie ou du premier ministre Jean Lesage.

C'est ainsi, comme on l'a déjà vu, que j'agis comme l'un des médiateurs entre l'Alliance des infirmières de Montréal et les Sœurs de la Providence, que je préside le comité sur un régime de négociations collectives dans le monde de l'enseignement et que je participe aux travaux du comité dirigé par Roch Bolduc sur les relations de travail dans la fonction publique.

En avril 1965, le président de la Commission du service civil, Jean Fournier, m'invite à dîner au Club de la Garnison. Il m'incite à devenir un des protagonistes dans les négociations qui s'engageront éventuellement entre le gouvernement et les syndicats de la fonction publique. Je refuse catégoriquement. Jean Fournier revient à la charge en juin. Il m'invite encore une fois au Club de la Garnison pour manger avec lui un midi. Il est accompagné de Roch Bolduc. Ils m'informent que deux nouveaux postes vont être créés dans la perspective des prochaines négociations du gouvernement avec les fonctionnaires. Le premier est celui de directeur général de l'analyse des effectifs et des conditions de travail, qui sera occupé par Jean-Charles McGee; le second, que l'on m'offre, est celui de directeur général des relations de travail. Je refuse obstinément d'accepter. À la fin du repas, mes deux hôtes me disent que le premier ministre m'attend à son bureau.

Je ne puis évidemment pas refuser d'aller rencontrer le premier ministre. Celui-ci me renouvelle la proposition que m'ont faite Jean Fournier et Roch Bolduc. Je lui dis que rien n'est prêt pour une négociation sérieuse entre le gouvernement et ses salariés et qu'il y aura inévitablement un vote de grève. Les enjeux de cette négociation sont tellement importants que très rapidement, avant même que l'imminence d'une grève ne crée un climat d'affolement, il y aura un dialogue direct entre les interlocuteurs qui sont au sommet de la pyramide, c'est-à-dire le président de la Confédération des syndicats nationaux et le premier ministre ou l'un de ses collègues. Jean Lesage me répond avec pathos que jamais lui ou l'un de ses ministres ne court-circuitera les négociateurs gouvernementaux. Je n'en crois rien et cela paraît sans doute dans mon attitude. Devant ma résistance ferme, le premier ministre finit par me dire: «Monsieur Cholette, j'ai besoin de vous.» Après quelques secondes, voyant que je continue de refuser, il ajoute: «Monsieur Cholette, le Québec a besoin de vous.» Même si à cette époque je connais bien le talent théâtral de Jean Lesage, j'avoue que je ne m'attendais pas à cette sortie. Je lui réponds que la mission qu'il me demande d'accepter est suicidaire. Finalement, je cède, à la condition expresse qu'après une période de douze mois je pourrai opter pour une mutation sans baisse de statut ou de traitement et revenir travailler dans le domaine de la coopération internationale.

«Il va falloir changer la date des élections»

Note de l'auteur: le texte qui suit est beaucoup plus long que les autres qui précèdent ou qui suivent. Il contient des passages dont le caractère technique risque de rebuter le lecteur qui n'est pas familier avec les relations professionnelles (relations industrielles, relations du travail ou relations de travail). Il comporte cependant, à mon avis, une certaine importance historique puisqu'il s'agit de l'histoire de la première négociation du gouvernement avec le Syndicat des fonctionnaires provinciaux du Québec (SFPQ), celle que j'ai vécue à titre de «directeur général des relations de travail», poste qui dépendait directement du premier ministre, Jean Lesage.

À compter du début de juillet 1965 jusqu'au vote de grève du SFPQ, le 28 février 1966, j'ai fait régulièrement un rapport hebdomadaire écrit au premier ministre, qui me retournait fidèlement le document le lundi matin en y ajoutant, le cas échéant, ses commentaires. À sa demande, une copie de ce document était envoyée systématiquement à Paul Gérin-Lajoie, vice-président du Conseil des ministres. Jean Lesage me dira plus tard qu'il a lu tous ces rapports.

Comme on le verra par la suite, dans les deux histoires intitulées La nomination par Jean Lesage d'un nouveau négociateur *et* «Les professionnels n'ont pas la sympathie du public: qu'ils mangent de la marde», *j'ai reçu à cette occasion la pire claque de toute ma carrière. J'ai été humilié publiquement. Le premier ministre a fait de moi un bouc émissaire. Voilà pourquoi j'estime indispensable d'expliquer longuement comment les choses se sont passées. Vu que je suis désormais à la retraite, j'estime que je ne suis plus tenu au devoir de réserve qui s'impose aux fonctionnaires en activité. J'espère que mon récit contribuera à enrichir la petite histoire des négociations dans le secteur public au Québec.*

Lorsque j'accepte de devenir «directeur général des relations de travail», le gouvernement n'a pas encore l'obligation légale de négocier avec les personnels de la fonction publique. Il existe cependant un «comité d'étude sur les relations de travail dans la fonction publique» qui est chargé de faire des recommandations au gouvernement sur le régime qui doit être mis en place incessamment.

Ce comité, au sein duquel il y a des représentants des syndicats intéressés et des fonctionnaires nommés par le gouvernement, devient par la force des choses un forum au sein duquel s'engagent officieusement des amorces de négociations. Je fais partie de ce comité, qui est présidé par Roch Bolduc.

Le 15 juin 1965, le gouvernement fait trois nominations. Roch Bolduc est nommé commissaire à la Commission du service civil; Jean-Charles McGee devient directeur général de la Direction générale de l'analyse des effectifs et des conditions de travail, qui est rattachée au Conseil de la trésorerie; quant à moi, je suis désormais directeur général de la Direction générale des relations de travail (DGRT), laquelle fait partie du ministère du Conseil exécutif. Je relève directement du premier ministre. Ces deux directions générales doivent relever le défi posé par l'entrée en scène du gouvernement-employeur dans un régime de négociation de conventions collectives avec les salariés de l'État. On ne m'a jamais consulté au sujet de l'opportunité de cette multiplication de

structures indépendantes les unes des autres. On verra plus tard que
la Direction générale de l'analyse des effectifs et des conditions de
travail ne jouera pas du tout son rôle en ce qui concerne l'analyse
des conditions de travail lors de la négociation des premières conventions collectives de travail en 1965 et en 1966; elle s'occupera
à peu près uniquement, durant cette période, des «plans d'organisation» et de l'effectif des ministères et des organismes gouvernementaux.

En plus de Jean-Charles McGee, la Direction générale de l'analyse des effectifs et des conditions de travail ne compte qu'une
équipe minuscule, en particulier Jean-Marie Grandbois, qui assu-
mait jusque-là la tâche de faire des recommandations à la Commission du service civil sur les salaires et les conditions de travail.
En ce qui me concerne, je suis seul au début à la DGRT.

La politique du personnel du gouvernement repose donc désormais sur un triumvirat. Dans l'esprit des membres de la Commission du service civil, et en particulier de Roch Bolduc, la future
Commission de la fonction publique doit pouvoir agir unilatéralement et avoir ainsi un domaine réservé dans certaines matières qui,
au contraire, dans le secteur privé notamment, font couramment
l'objet de négociations entre syndicats de travailleurs et entreprises. C'est d'ailleurs la Commission du service civil qui a toujours eu, jusqu'à présent, l'essentiel des responsabilités quant à la
politique du personnel, sauf dans une large mesure en ce qui
concerne les ouvriers. Dans son for intérieur, Jean Lesage souhaite
conserver en gros le *statu quo*. Le champ des futures conventions
collectives doit donc, dans cette perspective, être restreint considérablement. Ce schéma se dégage nettement d'ailleurs dans la Loi
de la fonction publique, surtout lorsqu'on lit celle-ci rapidement.
Face à la poussée du syndicalisme dans la fonction publique, Jean
Lesage ne cédera le terrain que pied à pied.

Je ne suis pas entièrement d'accord sur cette façon d'envisager
les choses. La négociation de conventions collectives me semble
non seulement une réalité incontournable à laquelle il faudra se
résigner, mais encore le meilleur moyen de régler un certain
nombre de problèmes. Conscient cependant des tendances du syn-

dicalisme québécois, dont la tradition et l'idéologie s'inspirent presque uniquement de son expérience dans le secteur privé de l'économie, je ne suis pas enclin à recommander au gouvernement que le régime des relations professionnelles prévu par le Code du travail s'applique intégralement dans la fonction publique. Fervent partisan de la Révolution tranquille dont l'un des principaux objectifs est de faire de l'État un instrument efficace au service du peuple québécois, je répugne à l'idée que l'on traite avec le gouvernement comme avec n'importe quelle entreprise privée.

Dans mon esprit, la pénétration des mécanismes de négociation et d'application des conventions collectives dans la fonction publique ne doit pas se faire tous azimuts dans un premier temps, afin de ne pas risquer d'affaiblir irrémédiablement l'État, car on sait que ce qui a été concédé une première fois dans une convention collective ne peut presque jamais être repris par la suite.

Pour ces raisons, au moment où je deviens directeur général des relations de travail, j'accepte en substance le point de vue de la Commission du service civil et du premier ministre, mais je ne cesserai d'insister pour que les matières que l'on veut soustraire à la négociation soient clairement déterminées par le législateur et pour que les grandes lignes des règlements que l'on veut établir unilatéralement dans ces domaines soient inscrites dans la loi elle-même. J'insiste sur ce point dans une note au premier ministre en date du 8 juillet 1965. En voici le texte:

Objet: Loi de la fonction publique

Je crois opportun d'attirer votre attention sur l'une des recommandations des membres gouvernementaux du Comité d'étude sur la fonction publique. Il s'agit de celle qui porte sur les matières qui peuvent faire l'objet de la convention collective de travail. (cf. Aire de négociation, page 6 du Rapport). La recommandation se lit comme suit:

«Que la convention collective ne puisse contenir de clauses ou conditions venant en conflit avec les droits et pouvoirs attribués aux autorités administratives par la Loi du Service civil, section V (classification du Service civil) et section VII (nominations).»

À mon avis, cette recommandation laisse la porte ouverte à la négociation sur la classification, la nomination et la promotion dans la mesure où la convention collective ne viendrait pas en conflit avec les pouvoirs attribués par la Loi aux autorités administratives. Rien n'empêchera, dans ces conditions, les syndicats de fonctionnaires de présenter notamment des clauses d'ancienneté et d'exiger que le gouvernement accepte de négocier sur ce point.

Il me paraît indispensable de recommander avec insistance que la loi ferme la porte étanchement à toute négociation sur la classification, la nomination et la promotion des ouvriers, des employés de bureau et des professionnels. Les syndicats s'apprêtent à demander des clauses d'ancienneté. De telles clauses auraient de sérieuses conséquences dans la perspective de la revalorisation de la fonction publique.

L'une des principales raisons d'être d'une clause d'ancienneté, c'est habituellement d'accorder la sécurité d'emploi. Cette protection, qui n'existe pas dans le secteur privé, est un fait acquis depuis longtemps dans la fonction publique. Une clause d'ancienneté dans la fonction publique ne pourrait donc se justifier, aux yeux du Syndicat, que pour éliminer le favoritisme et l'arbitraire en introduisant un facteur objectif d'interprétation facile et presque automatique.

Le Syndicat demanderait sûrement que l'ancienneté soit le facteur déterminant dans les nominations et les promotions, pourvu que le fonctionnaire qui a le plus d'ancienneté parmi les postulants puisse remplir les exigences normales de la tâche. Accepter un tel principe compromettrait gravement la revalorisation de la fonction publique sous l'angle de la qualité et de l'efficacité, et il deviendrait impossible d'atténuer plus tard une clause qui aurait déjà été acceptée par le gouvernement. La clause d'ancienneté serait d'autant plus dommageable à l'intérêt public que les normes qui étaient en vigueur pour le recrutement de la majorité des fonctionnaires actuels étaient très faibles et que les exigences qui existent en pratique pour l'accomplissement d'un grand nombre de tâches sont loin d'être satisfaisantes.

Il faudrait malgré tout que la loi contienne des dispositions sur la politique de nominations et de promotions, en plus de celles qui existent déjà ou qui ont été proposées par le Comité d'étude sur la fonction publique. Elle pourrait disposer, par exemple, que la compétence sera le facteur déterminant et que la tenue de concours avec la participation de jurys impartiaux sera la règle générale. Rien n'empêcherait la Commission de la fonction publique de consulter les syndicats dans ces domaines et même de les intégrer au processus d'élaboration des décisions.

Recommandations:

1-La loi devrait disposer que toute mesure d'explicitation ou d'application de la loi en matière de classification, de nominations et de promotions, ne pourra se faire que par règlement de la Commission de la fonction publique.

2-La loi devrait disposer que toute décision de la Commission de la fonction publique et du lieutenant-gouverneur en conseil, en matière de classification, de nominations et de promotions, ne pourra pas être revisée par une tierce partie.

3-La loi devrait disposer, en matière de nominations et de promotions, que la compétence sera le facteur déterminant et que la tenue de concours avec la participation de jurys impartiaux sera la règle générale.

Dans sa réponse en date du 11 juillet, Jean Lesage m'écrit: «Pour ce qui est des recommandations du mémoire, j'approuve.»

Après ma nomination, je consacre l'essentiel de mon temps au recrutement d'une équipe et à la préparation de la Loi de la fonction publique. Dans la dernière phase de ces préparatifs il n'y a habituellement que le premier ministre Jean Lesage, son conseiller juridique Louis-Philippe Pigeon, le commissaire Roch Bolduc et moi. Pour trouver le personnel dont la DGRT aura besoin, la Commission du service civil organise un concours. Le jury est formé de l'abbé Gérard Dion, du Département des relations industrielles de l'Université Laval, de Raymond Gérin, sous-ministre associé du Travail et de moi. Deux candidats réussissent le concours: Claude Courville et André Parent. Le premier travaille à la Commission du service civil; le deuxième est conciliateur au ministère du Travail. La Commission du service civil décide de garder Claude Courville tandis que le ministre du Travail, Carrier

Fortin, refuse de laisser partir André Parent. Je dois intervenir auprès du premier ministre pour obtenir la mutation d'André Parent. Jean Lesage me répond à ce sujet: «M. Fortin a accepté au conseil le 1/9/65.»

Avant même la tenue des séances du jury qui auront lieu les 15 et 16 juillet et dont je n'attends pas grand-chose, j'informe le premier ministre que j'ai pris contact avec l'Alcan et que j'espère obtenir de cette entreprise les services de deux de ses employés. La Loi de la fonction publique devant être adoptée incessamment — elle sera sanctionnée le 6 août —, il est urgent de fonctionner en cinquième vitesse pour constituer une équipe à la DGRT. Le 30 juillet, je donne des renseignements au premier ministre à ce sujet. Lucien Dorion, qui a été vice-président de la Confédération des syndicats nationaux, entrera en fonction le 9 août. Hubert Benoît, de l'Alcan, commencera son travail le 16 août et sans doute aussi Paul-Joseph Chartier, également de l'Alcan. Le ministère de l'Industrie et du Commerce a accepté de mettre à ma disposition son directeur du personnel, Gaston Lefebvre, pour toute la période des négociations, mais à temps partiel, évidemment. J'ai demandé au sous-ministre des Richesses naturelles de me prêter les services du directeur du personnel de ce ministère, Claude Bélanger. Celui-ci et Gaston Lefebvre étaient tous deux membres du comité d'étude sur les relations de travail dans la fonction publique.

J'informe le premier ministre que j'ai écrit au sous-ministre de la Voirie et à celui des Travaux publics pour leur demander de mettre deux personnes à la disposition de la DGRT, l'une pour la convention collective des ouvriers et l'autre pour celles des professionnels[1]. Je me suis mis en rapport avec Hydro-Québec pour demander qu'un membre de l'équipe des négociateurs de cet organisme soit détaché auprès de la DGRT. Un avocat qui fait partie de l'équipe de la Direction générale de l'analyse des effectifs

---

1. Les «professionnels» sont des personnes qui occupent un poste exigeant un diplôme universitaire ou l'équivalent.

et des conditions de travail, Roger Asselin, viendra prêter main-forte à la DGRT. La Commission des relations de travail a accepté de me prêter les services du secrétaire ou du secrétaire adjoint de cet organisme à compter du 16 août. Cette personne participera aux travaux de l'équipe gouvernementale de négociation dans le but de délimiter les frontières entre les salariés et les non-salariés dans le cas des ouvriers et des fonctionnaires qui ne sont ni des «professionnels» ni des enseignants.

Je termine mon rapport du 30 juillet au premier ministre en l'informant que je vais convoquer prochainement une réunion de représentants des ministères qui ont des enseignants sous leur contrôle afin de procéder à la constitution de l'équipe de négociation dans ce secteur. J'indique au premier ministre qu'il faut constituer quatre noyaux de négociateurs, chacun devant prendre en charge l'un des groupes suivants: ouvriers, employés de bureau, «professionnels», enseignants. Chacun de ces noyaux permanents doit comprendre au moins trois personnes, sans compter des représentants de certains des ministères qui sont le plus directement intéressés.

La première séance officielle de négociation avec le SFPQ a lieu le 8 septembre, c'est-à-dire un mois environ après l'adoption de la Loi de la fonction publique. Quelques jours plus tôt, le 3 septembre, j'envoie deux notes à Jean Lesage, l'une faisant le point sur la conjoncture, l'autre portant sur la composition des cinq équipes de négociation du gouvernement (ouvriers, fonctionnaires, «professionnels», enseignants, agents de la paix).

Dans la première de ces notes, j'attire l'attention de Jean Lesage sur certains faits pour qu'il puisse bien mesurer la fragilité du gouvernement au moment où il entreprend des négociations avec les syndicats de fonctionnaires. Les entreprises importantes qui ont déjà une équipe de négociateurs et dont les cadres supérieurs sont habitués au régime de la convention collective commencent normalement à se préparer au moins un an à l'avance pour négocier. La plupart du temps, ces négociations se font avec les ouvriers seulement. Le gouvernement, lui, va se lancer dans les négociations deux mois seulement après la création de la DGRT. Il devra au surplus négocier avec des catégories d'employés qui habituellement ne sont pas syndiqués dans l'entreprise privée.

Quant à l'attitude de la Commission de la fonction publique et du gouvernement sur la classification, la nomination et la promotion, à propos desquelles on ne veut absolument pas négocier mais qui, pour les syndicats, sont des questions capitales, elle va provoquer une vraie tempête dès les premiers échanges avec les syndicats, car la Loi de la fonction publique, tout en les confiant à la Commission de la fonction publique, ne les soustrait pas expressément au marchandage patronal-syndical.

L'énorme travail exigé de la Commission de la fonction publique pour la préparation de règlements relatifs à la classification, la nomination et la promotion va occuper à temps plein pendant plusieurs mois des personnes qualifiées sur lesquelles la DGRT ne pourra pas compter pour ses négociations. Dans cette note du 3 septembre au premier ministre, je rappelle que, pour cette raison, j'avais proposé au comité de législation de reporter en janvier 1966 l'entrée en vigueur des dispositions de la loi relatives au régime syndical.

Je souligne enfin dans ma note au premier ministre une faiblesse qui deviendra le principal handicap du gouvernement dans les mois à venir, c'est-à-dire l'absence de personnel suffisant à la Direction générale de l'analyse des effectifs et des conditions de travail pour fournir aux équipes de négociation les données dont elles auront besoin. J'indique à Jean Lesage qu'il sera difficile, à moins de recourir à des moyens extraordinaires, de combler cette lacune aussi rapidement qu'il le faudrait.

Dans ma deuxième note du même jour (3 septembre 1965) au premier ministre, j'explique le fonctionnement et la composition des équipes de négociation du gouvernement. En ce qui me concerne, je vais agir comme porte-parole chaque fois que l'on traitera avec un agent négociateur qui parle au nom de deux unités de négociation au moins. C'est ce qui va se produire au début dans le cas du SFPQ, car celui-ci a l'intention de négocier certaines clauses qui seront identiques pour l'unité «ouvriers» et pour l'unité «fonctionnaires». Pour tout ce qui a trait aux problèmes particuliers de l'une ou l'autre des unités de négociation, j'ai demandé à un membre de mon équipe d'agir comme porte-parole du gouvernement. C'est ainsi que Claude Bélanger, directeur du personnel au ministère des Richesses naturelles, sera responsable des conventions des professionnels. Lucien Dorion sera responsable de la convention des agents de la paix. Gaston Lefebvre, directeur du personnel au ministère de l'Industrie et du Commerce, sera responsable de la convention des fonctionnaires (employés de bureau). André Parent sera responsable de la convention des ouvriers. Chaque fois qu'il y aura une séance de négociation distincte pour l'un ou l'autre de ces groupes, c'est l'une des personnes que je viens de mentionner qui représentera le gouvernement. (Les choses se passeront effectivement ainsi par la suite.)

L'équipe affectée au secteur des ouvriers comprend un représentant du ministère des Travaux publics, un autre du ministère de la Voirie et Paul Chartier, de l'Alcan. Le groupe chargé des fonctionnaires compte un représentant du ministère de la Famille et du Bien-Être social et un autre du ministère du Revenu. Le ministère des Transports et des Communications a refusé de désigner quelqu'un et le ministère de la Justice n'a pas encore répondu. L'équipe des «professionnels» est formée de représentants du ministère des Richesses naturelles et, occasionnellement, de la Commission de la fonction publique.

Dans le domaine de l'enseignement, l'équipe comprend un fonctionnaire du ministère de l'Éducation et un autre du ministère de l'Agriculture et de la Colonisation; les ministères suivants ont été invités à désigner chacun un représentant: Affaires culturelles, Terres et Forêts, Famille et Bien-Être social. D'autres ministères ont été invités à désigner leurs représentants à la table des négociations avec le Syndicat des agents de la paix: Justice; Tourisme, Chasse et Pêche; Transports et Communications; Travaux publics; Terres et Forêts. L'Office des autoroutes fournira lui aussi un représentant.

Au moment où les négociations s'engagent, le gouvernement est peu au courant de ce qui se passe dans sa propre cour en ce qui concerne les conditions de travail et même les salaires, sauf, dans ce dernier cas, en ce qui a trait à ses salariés permanents. Les salaires des ouvriers en général sont fixés par chaque ministère ou organisme. Ce n'est qu'une quinzaine de jours avant la signature des premières conventions collectives que le gouvernement, pressé par l'imminence d'une grève et mobilisé par l'échéance électorale, finira par arracher à tous les ministères les renseignements nécessaires à cet égard et connaîtra enfin le volume exact de sa masse salariale. Au début de septembre 1965, le gouvernement ne possède en pratique aucune étude lui permettant de comparer la situation de ses personnels à celle des autres salariés des secteurs public et privé, du Québec ou de l'extérieur.

Au début des négociations, le 8 septembre 1965, le SFPQ n'est pas encore prêt, lui non plus, car son projet de convention collective n'est pas au point et il ne peut pas le soumettre à la DGRT. Ce n'est que le 21 septembre que le syndicat déposera la première tranche de son projet de convention collective. Cette tranche ne porte que sur les questions dites mécaniques, qui ne comportent pas d'incidence pécuniaire directe importante. La deuxième tranche ne sera remise à la DGRT que le 3 novembre, c'est-à-dire deux mois après la première séance de négociation et trois mois après la sanction de la Loi de la fonction publique.

Comme je l'ai déjà mentionné, l'une des principales faiblesses du dispositif gouvernemental se situe du côté de la recherche sur les conditions de travail. À l'absence navrante de données comparatives sur lesquelles on pourrait se baser pour préparer des offres sérieuses, et à l'insuffisance des personnes affectées à la recherche dans ce domaine, s'ajoute un autre facteur plus grave encore. Le directeur général de l'analyse des effectifs et des conditions de travail, Jean-Charles McGee, estime que la plupart des renseignements qui lui sont demandés par la DGRT sont confidentiels et qu'il n'a pas le droit de les lui fournir. Incroyable mais vrai! La réalité dépasse ici la fiction. La DGRT, en plus de négocier avec plusieurs syndicats à la fois, en plus de «reconnaître» les nouveaux syndicats, ce qui est habituellement le rôle de la Commission des relations de travail, doit procéder en catimini pour obtenir sous la table des parcelles de renseignements auprès de certains membres de l'équipe de Jean-Charles McGee et faire elle-même une partie des recherches qui s'imposent.

Jean Lesage avait pourtant déclaré publiquement, lors de l'annonce de ma nomination et de celle de Jean-Charles McGee, que celui-ci devrait collaborer étroitement avec moi. Voici, à ce sujet, ce que l'on peut lire dans le journal *Le Soleil* du 22 juin 1965:

> M. Lesage a précisé que la direction générale de l'analyse des effectifs et des conditions de travail relèvera du Conseil de la trésorerie. Le directeur général, M. Jean-Charles McGee, devra collaborer étroitement avec M. Cholette, puisque l'une des fonctions de la direction générale de l'analyse sera d'étudier, systématiquement et de façon suivie, les questions telles que conditions de travail, salaires, primes, allocations et prestations, heures de travail, vacances et congés, tant dans le secteur public que dans l'entreprise privée.

> La direction générale devra se charger aussi d'établir les effectifs de chacun des ministères et des organismes gouvernementaux émargeant au budget de la province et d'analyser, avec le concours des bureaux du personnel, l'utilisation de ce personnel afin de la rendre, le plus possible, économique et efficace.

Je ne me contente pas d'en parler aux intervenants gouvernementaux les plus près du processus de négociation, je tire la sonnette d'alarme à plusieurs reprises auprès du premier ministre, la première fois dans ma note (dont il a déjà été question) du 3 septembre. Je reviens à la charge par écrit à ce sujet auprès de Jean Lesage le 5 novembre, le 19 novembre, le 10 décembre 1965 et le 4 février 1966. Dans mon rapport hebdomadaire du 5 novembre au premier ministre, convaincu que la Direction générale de l'analyse des effectifs et des conditions de travail ne pourra pas faire un travail efficace à cet égard, je propose à Jean Lesage de confier à un comité d'économistes la tâche de jeter les bases d'une politique salariale du gouvernement dans la fonction publique et dans les institutions qui émargent à son budget. Je mentionne à ce sujet le nom du conseiller économique du gouvernement, Jacques Parizeau. Je termine mon rapport du 5 novembre en soulignant que la DGRT devrait être en mesure de faire des propositions d'ordre pécuniaire aux syndicats dès le début de janvier au plus tard.

Le 19 novembre, dans mon rapport hebdomadaire au premier ministre, je rappelle que le directeur général de la Direction générale de l'analyse des effectifs et des conditions de travail, Jean-Charles McGee, est au courant depuis longtemps des renseignements dont la DGRT a besoin dans ses négociations avec le SFPQ. Jean-Charles McGee a en effet assisté à toutes les séances de négociation avec le SFPQ. J'informe Jean Lesage que j'ai fait parvenir la veille la liste complète de ces renseignements à Jean-Charles McGee à titre d'aide-mémoire. J'ajoute que j'ai eu un entretien hier avec Jacques Parizeau et Jean-Charles McGee au sujet de la formation d'un comité d'économistes pour élaborer la politique salariale du gouvernement dans le secteur public. Le 7 décembre, Jean Lesage m'écrit: «Pour ce qui est des questions monétaires, je serai prêt à vous donner des instructions au début de janvier.»

Je consacre la plus grande partie de mon rapport hebdomadaire du 10 décembre à la question de l'inventaire des conditions de travail. En voici quelques extraits:

> Mes collaborateurs et moi-même avons de nouveau pris contact avec la Direction générale de l'analyse des effectifs et des conditions de travail afin de constater l'état des travaux de recherche et de faire un calendrier des actions à réaliser à court terme.

> Je vous avoue que je suis inquiet à ce sujet et que le gouvernement va avoir de la difficulté à se former une opinion en bonne connaissance de cause sur la réglementation qu'il doit proposer au Syndicat au sujet de la deuxième tranche du projet de convention collective.

Mes collaborateurs et moi en sommes arrivés à la conclusion que la Direction générale des relations de travail et la Direction générale de l'analyse des effectifs et des conditions de travail devraient travailler en plus étroite collaboration. À cette fin, je me propose de faire de nouveaux emprunts, à plein temps, de personnel au sein de la fonction publique afin d'apporter un soutien à l'équipe de M. McGee en vue de la cueillette, du dépouillement, de l'analyse et du traitement des données indispensables. Je pense tout spécialement ici au personnel du Service de recherche et d'information du ministère du Travail.

[...]

Je vous avoue que mes collaborateurs ont de la difficulté à faire la liaison avec la Direction générale de l'analyse des effectifs et des conditions de travail. Il n'y a cependant aucun problème dans le secteur des enseignants, car M. McGee a affecté M. Jacques Asselin au comité de négociation du gouvernement qui œuvre dans ce secteur. Mais les autres comités de négociation sont alarmés de la situation dans leur secteur respectif.

À la suite de ce rapport au premier ministre, je communique avec le sous-ministre du Travail, Gérard Tremblay. Quelques jours plus tard, le 20 décembre, le «chef associé du cabinet du premier ministre», René Arthur, m'écrit une lettre dont voici de brefs extraits:

L'honorable Jean Lesage, Premier ministre du Québec, m'a chargé de vous faire part des faits suivants et de vous demander vos commentaires.

Vous avez téléphoné à monsieur Gérard Tremblay, sous-ministre du Travail, pour lui demander s'il pouvait disposer de monsieur Léopold Jasmin.

[...]

Monsieur Tremblay n'a donc pas, selon ce que l'honorable Carrier Fortin a dit au Premier ministre, écarté votre demande, mais a suggéré un délai pour s'y rendre.

Monsieur Carrier Fortin a ajouté au Premier ministre que son service de recherches est complètement mobilisé par vous pour vous fournir toutes les statistiques dont vous avez besoin, en tenant constamment à jour les analyses des 3,500 conventions collectives en vigueur dans la province, afin de connaître les principales normes de travail.

Comme on peut le voir, mon intervention auprès du ministère du Travail aboutit à un résultat mitigé. Les renseignements que l'on obtiendra de ce côté ne répondent absolument pas aux besoins urgents du gouvernement. Face à la gravité de la situation, je soulève une dernière fois par écrit, dans mon rapport hebdomadaire du 4 février 1966 au premier ministre, la question de la collecte et de l'analyse des données en vue de la négociation des clauses pécuniaires avec les divers syndicats d'employés de la fonction publique. Voici quelques extraits de ce rapport:

Je crois qu'il faudrait que vous demandiez à MM. Jacques Parizeau et Jean-Charles McGee de vous faire rapidement rapport sur l'état de leurs travaux dans ce domaine, afin que le gouvernement et la Direction générale des relations de travail sachent avec autant de précision que possible à quel moment la Direction générale des relations de travail sera en mesure d'entamer la négociation des questions monétaires.

Un des collaborateurs de M. McGee, M. Jacques Asselin, en collaboration avec l'assistant-auditeur de la Province, prépare actuellement un dossier sur les frais de voyage et de déménagement. Après avoir pris contact avec des fonctionnaires du gouvernement fédéral, ils ont appris qu'Ottawa était en train de reviser toute sa politique dans ce domaine et qu'il faudrait au moins un an pour terminer ce travail. Or, c'est là un point seulement parmi plusieurs autres sur lesquels les conventions collectives devraient contenir des clauses détaillées et aussi complètes que possible. Un tel calendrier est évidemment inconciliable avec les échéances qu'impose la stratégie des négociations. Il faudrait donc savoir le plus rapidement possible les points sur lesquels la Direction générale des relations de travail pourra négocier avant le mois de mars ou au plus tard dans les deux prochains mois.

(En marge de ce dernier paragraphe, Jean Lesage avait écrit: «MM. Bolduc et McGee nous feront des suggestions d'ici 2 semaines.»)

Je me permets de vous rappeler que le Syndicat des fonctionnaires provinciaux s'est fixé une échéance qui lui impose psychologiquement et politiquement de faire un rapport satisfaisant à ses membres vers le début de mars, c'est-à-dire quatre-vingt-dix (90) jours après sa demande d'un conciliateur.

Il faut signaler ici que le syndicat a le droit de faire la grève 90 jours après avoir fait la demande d'un conciliateur. Les membres du SFPQ voteront massivement le 28 février en faveur de la grève et fixeront au 25 mars la date du début de cette grève si un accord n'intervient pas d'ici là avec le gouvernement.

Un autre point faible du gouvernement s'ajoute à l'insuffisance désastreuse de son équipe de recherche: sa position au sujet de la classification, de la nomination et de la promotion. Le premier ministre et la Commission de la fonction publique ne veulent absolument pas de clause dans la convention collective sur ces questions. C'est la Commission de la fonction publique qui est censée établir les règles dans ces domaines. Les syndicats, de leur côté, tiennent à tout prix à négocier là-dessus.

Cette question est l'une de celles qui gâteront le plus l'atmosphère durant les négociations. Les membres gouvernementaux du comité d'étude sur les relations de travail dans la fonction publique avaient recommandé que la future loi sur la fonction publique tranche clairement cette affaire. J'avais insisté, pour ma part, sur l'importance de définir dans la loi elle-même les grands principes dans ce domaine, en particulier la tenue de concours avec des jurys et l'obligation pour le gouvernement de faire les nominations et les promotions en tenant compte avant tout de la compétence, selon l'ordre de priorité établi par un jury. Le gouvernement aurait pu, tout en adoptant cette règle, se réserver une petite marge de manœuvre en s'accordant la liberté de choisir parmi les trois candidats que le jury aurait placés en tête de liste.

Jean Lesage avait clairement indiqué sa position sur la classification, la nomination et la promotion lors de l'étude du projet de loi sur la fonction publique à l'Assemblée législative. Voici quelques-unes de ses déclarations à ce sujet:

> La Commission devra voir à l'établissement d'un plan cohérent de classement s'appliquant à l'ensemble des employés de la fonction publique. Cela, c'est le classement, c'est la fonction des fonctions principales de la Commission. Il s'agit ici de bâtir des corps de fonctionnaires en définissant, pour chacun d'eux, les emplois ou classes d'emploi qu'il englobe, les attributions du personnel qui en fait partie, les conditions et exigences d'admissibilité et d'avancement qui lui sont propres. Bref, il s'agit d'organiser des carrières. Et c'est là une matière non négociable[2].

> [...]

> À l'avenir, il faudra préalablement à la nomination et à la promotion une liste d'éligibilité de la Commission dans le cas des ouvriers comme dans le cas des fonctionnaires. Il n'y en a jamais eu pour les ouvriers. La qualité du personnel exerçant régulièrement un emploi pour le compte de l'État doit être la même pour tous, c'est-à-dire excellente, et il faut prendre toutes les précautions possibles pour l'assurer. C'est là la principale raison d'être de la Commission de la fonction publique, indépendante pour cette raison, du pouvoir exécutif lui-même parce que les membres ne peuvent être destitués que par les Chambres. Alors, vous comprenez que dans cette perspective, il ne saurait être question de négocier ni les critères d'admissibilité, ni les procédures et méthodes d'évaluation des candidats. La Commission et les jurys qu'elle constitue sont et doivent demeurer responsables de ce travail puisque la Commission de la fonction publique n'en est pas plus attachée au gouvernement partie qu'aux employés partie[3].

> [...]

> Afin d'appliquer le plus possible le principe de la promotion, c'est ce que je viens d'expliquer n'est-ce pas. On me dira peut-être qu'entre l'éligibilité et la nomination effective il y a une certaine marge, c'est vrai. Nous avons longuement examiné le problème. Tout

---

2. *Débats de l'Assemblée législative du Québec*, 3 août 1965, p. 4658-4659.
3. *Ibid.*, p. 4659.

le monde sait que la sélection du personnel, particulièrement dans les postes de niveau intermédiaire et supérieur, peut comporter une certaine marge d'erreur. C'est pourquoi nous continuons de croire que ceux qui sont responsables en Chambre de l'efficacité de leur administration doivent également prendre la responsabilité des décisions finales en matière de nomination. C'est-à-dire que sur la liste d'éligibilité, ils peuvent choisir celui qui est le plus susceptible à leurs yeux, à eux qui sont responsables en Chambre de l'administration, de remplir la fonction, et parmi ceux qui ont été trouvés par la Commission éligibles pour le poste ouvert[4].

[...]

Au sujet de l'aire de négociations, le principe général est le suivant: Étant donné que le Code du travail s'appliquera aux salariés de la fonction, toute condition de travail pourra être l'objet de négociation à l'exception des matières sur lesquelles le pouvoir de décision doit appartenir en propre aux autorités administratives, c'est-à-dire à la Commission de la fonction publique. C'est ainsi que le plan de classification, la nomination et la promotion ne peuvent pas être matières de négociations dans le fonctionnarisme. Parce que là on aurait le patronage, ce serait le patronage des syndicats. Le meilleur moyen d'établir le patronage, le patronage des syndicats[5].

[...]

Le seul autre reproche qu'a fait le chef de l'Opposition dans son discours de deuxième lecture c'est qu'il n'y ait pas de négociations pour les nominations. Bien évidemment, on ne négocie pas des nominations.

Le chef de l'Opposition, je ne veux pas être personnel, je fais appel à son bon sens. Est-ce qu'on négocie des nominations avec les employés? Si on négocie les nominations, si c'est l'objet de négociations et de marchandage, qu'est-ce que ça devient, sinon du patronage syndical? Si l'on veut éviter le patronage, il faut que les nominations soient la responsabilité du Lieutenant-gouverneur en Conseil, sur des listes d'éligibilité dressées par une commission dont

---

4. *Ibid.*, p. 4660.
5. *Ibid.*, p. 4666.

les membres sont indépendants du gouvernement et responsables à la Chambre. C'est ça le principe du bill qui est devant nous! C'est ça qu'on oublie! C'est que les membres de la Commission de la fonction publique seront indépendants du gouvernement et responsables à la Chambre. Comme l'auditeur de la province, ils occuperont des fonctions quasi judiciaires. Et c'est ça qu'il faut que les fonctionnaires comprennent[6]!

[...]

[...] c'est le chef de l'Opposition cet après-midi qui voulait que les nominations soient sujettes à négociation. Je dis que c'est impensable que les nominations et les promotions soient sujettes à négociation. Autrement la promotion devient du patronage syndical et non pas une promotion due au mérite. C'est ça, la vérité, c'est ça que je vous expliquerai en comité. M. le Président, c'est clair, c'est la loi la plus avancée que nous ayons en Amérique du Nord[7].

Je tiens à souligner ici que ces déclarations du premier ministre ne sont pas une position de départ dans un processus de négociation, mais bien une interprétation et une explication d'un projet de loi soumis par le gouvernement à l'Assenblée législative. Pourtant, malgré ces affirmations péremptoires, la Loi de la fonction publique laisse en réalité la porte ouverte à la négociation sur la classification, la nomination et la promotion. Dans mes conversations avec le premier ministre et dans les rapports hebdomadaires que je lui fais parvenir, je reviens souvent sur ce sujet. J'estime que la responsabilité de refuser des clauses sur ces questions dans la convention collective doit être assumée par le législateur, pas par le négociateur du gouvernement, car autrement on met celui-ci dans une situation absolument intenable. Voici ce que j'écris à ce sujet au premier ministre dans une note en date du 10 septembre 1965:

---

6. *Ibid.*, p. 4746.
7. *Ibid.*, p. 4746.

Objet: Loi de la fonction publique

Comme suite à notre entretien du 7 septembre en présence de Me Louis-Philippe Pigeon au sujet de ma note n° 61 en date du 3 septembre 1965, il est bien entendu que si l'un des syndicats de fonctionnaires me pose le problème de la négociabilité de certaines conditions de travail en regard de la Loi de la fonction publique, j'affirmerai que je n'ai pas le droit de donner une interprétation légale au nom du gouvernement. Le Syndicat des fonctionnaires provinciaux du Québec n'a d'ailleurs pas soulevé la question directement, lors de la première séance de négociation qui a eu lieu le 8 septembre 1965.

Je vous avoue cependant que le gouvernement ne pourra pas retarder indéfiniment l'échéance, car si je me contente d'indiquer que le gouvernement examinera toutes les propositions que les syndicats feront en matière de classification, de nomination et de promotion, un jour viendra où le Syndicat va conclure que le gouvernement ne veut accepter aucune clause de convention collective dans ces matières et il accusera le gouvernement de négocier de mauvaise foi.

Pour ma part, je tiens à conserver ma réputation de probité, d'intégrité et d'honnêteté intellectuelle, ce qui va m'empêcher de jouer longuement sur l'équivoque.

Recommandation

Je recommande que la Loi soit modifiée le plus tôt possible pour qu'il n'y ait plus aucun doute possible sur le fait que la classification, la nomination et la promotion ne peuvent pas faire l'objet de négociation dans la fonction publique.

Avant de poser un tel geste, je crois que le gouvernement devrait prendre les moyens de faire comprendre aux formateurs de l'opinion publique qu'une telle mesure est dans le meilleur intérêt de la société et que le bien commun l'exige.

Il ne s'agira pas là d'une tâche tellement difficile, puisque tous les États évolués ont adopté une telle politique.

Jean Lesage décide alors de demander un avis au conseiller juridique du gouvernement, Louis-Philippe Pigeon, au sujet de ma note du 10 septembre 1965 et d'un autre rapport daté du même jour sur la première séance de négociation avec le SFPQ, tenue le 8 septembre. Voici la partie de la lettre du 13 septembre de Louis-Philippe Pigeon à Jean Lesage qui porte sur la Loi de la fonction publique:

> Tout d'abord, au sujet de la loi, je crois devoir rappeler les faits suivants.
>
> La recommandation des représentants du gouvernement au Comité d'étude sur les relations de travail dans la fonction publique comportait ce qui suit, sous le titre «Aire de négociation»:
>
> «Que la convention collective ne puisse contenir de clauses ou conditions venant en conflit avec les droits et pouvoirs attribués aux autorités administratives par la Loi du Service Civil, section V (classification du Service Civil) et section VII (nominations).
>
> Que la convention collective ne puisse porter sur le régime des pensions...»
>
> Dans une note en date du 8 juillet 1965, monsieur Cholette faisait observer:
>
> «À mon avis, cette recommandation laisse la porte ouverte à la négociation sur la classification, la nomination et la promotion dans la mesure où la convention collective ne viendrait pas en conflit avec les pouvoirs attribués par la Loi aux autorités administratives. Rien n'empêchera, dans ces conditions, les syndicats de fonctionnaires de présenter notamment des clauses d'ancienneté et d'exiger que le gouvernement accepte de négocier sur ce point.
>
> Il me paraît indispensable de recommander avec insistance que la loi ferme la porte étanchement à toute négociation sur la classification, la nomination et la promotion des ouvriers, des employés de bureau et des professionnels. Les syndicats s'apprêtent à demander des clauses d'ancienneté. De telles clauses auraient de sérieuses conséquences dans la perspective de la revalorisation de la fonction publique.»

Ces observations ont été considérées par le Comité de législation lors de l'étude du projet de Loi de la fonction publique et on a décidé d'y donner suite en ce qui concerne l'ancienneté. De là vient le second alinéa de l'article 34 de la Loi de la fonction publique. Après la présentation du bill, le texte a été modifié de façon à tenir compte de l'ancienneté pour les ouvriers à compétence égale.

Aujourd'hui, le directeur général des relations de travail recommande de modifier la loi de façon à exclure généralement de la négociation dans la fonction publique la classification, la nomination et la promotion. Je ne crois pas pouvoir endosser cette recommandation. Cela me semblerait être un geste de provocation envers les fonctionnaires syndiqués que de présenter une législation destinée à leur enlever un droit dont jouissent les autres syndiqués.

Je m'empresse d'ajouter cependant que cela ne signifie pas que l'on doive accepter d'inclure dans la convention collective des dispositions conventionnelles sur ces questions car il faut, à mon avis, envisager le problème de la même façon qu'un employeur ordinaire doit l'envisager suivant le Code du travail.

Pour l'employeur ordinaire, le champ de la négociation n'est pas défini. Il ne fait aucun doute maintenant que l'expression «conditions de travail» embrasse tout le champ des relations entre employeurs et salariés. Cela ne signifie pas cependant que l'employeur est tenu d'accepter dans la convention collective des clauses portant sur toute l'administration de l'entreprise. Au contraire, on trouve normalement dans une convention collective une clause de «droits de la gérance» dans laquelle on énumère des matières sur lesquelles l'employeur aura pleine autorité.

À mon avis, la question à laquelle les négociateurs du gouvernement ont à faire face n'est pas autre chose que celle des «droits de la gérance» et ils ne doivent pas demander qu'elle soit tranchée législativement, ce qui, pour le Syndicat, veut dire unilatéralement.

Il ne me paraît pas que le directeur ait raison de considérer qu'en l'occurrence, sa réputation est menacée. Un employeur ne peut pas être accusé de négocier de mauvaise foi parce qu'il propose une clause de «droits de la gérance», à moins que cette clause ne soit absolument exorbitante. Dans le cas présent, je ne vois rien qui empêche l'équipe de négociation de proposer une clause qui ait l'effet souhaité. Cependant, je suis d'avis qu'il serait souverainement malhabile de refuser de discuter la question, tout comme il serait malhabile pour un employeur de commencer par présenter au Syndicat une clause de «droits de la gérance» et déclarer que si ce n'est pas accepté, il ne négociera pas davantage.

Jean Lesage m'écrit le 13 septembre, c'est-à-dire le jour même où Louis-Philippe Pigeon lui remet son opinion:

> J'ai soumis pour considération et opinion, à notre conseiller juridique, Mᵉ Louis-Philippe Pigeon, C.R., vos notes numéros 66 et 67, toutes deux datées du 10 septembre.

> Je vous prie de trouver sous ce pli copie des opinions que m'exprime Mᵉ Pigeon dans une lettre du 13 septembre.

> Il y a lieu de suivre les avis de Mᵉ Pigeon et je compte sur vous pour continuer de me tenir au courant.

Ainsi, Jean Lesage change d'avis et n'approuve plus les recommandations contenues dans ma note du 8 juillet 1965. Comme on l'a déjà vu, il m'avait pourtant écrit le contraire le 11 juillet. Il est difficile aussi de concilier cette nouvelle attitude de Jean Lesage avec celle qu'il avait prise lors de l'étude du projet de loi à l'Assemblée législative.

Je suis atterré par cette volte-face de Jean Lesage, car je suis convaincu que jamais les syndicats n'accepteront de renoncer à un droit qui leur appartient, c'est-à-dire celui de négocier des clauses sur des questions qui, pour eux, sont aussi importantes que les salaires. Même si l'hypothèse que je présente ici paraît invraisemblable, car Jean Lesage est un grand juriste, je crois que celui-ci s'est trompé dans l'interprétation de la loi en affirmant catégoriquement à l'Assemblée législative que la classification, la nomination et la promotion étaient des matières non négociables. Louis-Philippe Pigeon, quant à lui, répugnait dans son for intérieur à l'idée d'exclure ces questions du champ de la négociation. C'est d'ailleurs avec une réticence plus qu'évidente qu'il avait accepté, au comité de législation, de soustraire l'ancienneté du champ de la négociation. Dans la rédaction du projet de loi, il fait subtilement prévaloir son idée personnelle, qui ne correspond pas à la position du premier ministre et de la Commission du service civil en ce qui concerne la classification, la nomination et la promotion.

Même si la loi définit longuement les pouvoirs de la Commission de la fonction publique, son article 68 ouvre la porte à la négociation tous azimuts, sauf sur les questions qui en sont nommément exclues, par exemple l'ancienneté. Voici le libellé de cet article:

> Le lieutenant-gouverneur en Conseil peut autoriser un membre du conseil exécutif à signer suivant le Code du travail une convention collective avec toute association accréditée de salariés de la fonction publique.

Les mots «suivant le Code du travail» constituent la règle générale lorsqu'il s'agit de définir le champ de la négociation.

Un paragraphe de mon rapport hebdomadaire du 16 décembre 1965 au premier ministre porte de nouveau sur la classification. En voici le texte:

> Je vous avoue qu'il ne sera pas possible de reculer longtemps l'échéance où je devrai dire au Syndicat que le gouvernement n'a pas l'intention d'accepter des clauses dans la convention collective sur la classification, la nomination ou la promotion, en invoquant l'argument que l'intérêt public sera mieux servi si ces matières ne sont pas négociées et font l'objet de consultations avec la Commission en dehors du processus de négociation d'une convention collective.

De guerre lasse, Jean Lesage écrit dans la marge: «Il faudra bien ne venir là.»

Je soulève encore une fois la question dans mon rapport hebdomadaire du 14 janvier 1966. En voici un extrait:

> Le Syndicat a encore une fois utilisé la plus grande partie de la dernière séance de négociation (12 janvier) pour parler de la classification, de la nomination et de la promotion. Le gouvernement se trouve présentement dans la situation difficile que nous avions envisagée il y a déjà plusieurs mois. En effet, je ne peux pas prétexter l'illégalité pour refuser toutes les demandes du Syndicat dans ces domaines. Vu que la Loi n'a pas fermé étanchement la porte à la négociation de ces questions et vu que la Loi, d'autre part, n'a

pas formulé de règles sur certains points essentiels, comme par exemple l'obligation pour le gouvernement de choisir l'une des trois premières personnes en tête d'une liste d'éligibilité, le Syndicat cherche à combler le vide ainsi laissé par le législateur. Sur ce dernier point en particulier, la demande syndicale correspond à l'attitude que j'avais prise moi-même à titre de membre du Comité d'étude des relations de travail dans la fonction publique. Il m'est donc très difficile de faire bonne figure devant le Syndicat, même si celui-ci ne connaît pas les idées que j'ai défendues auprès de mes collègues du Comité d'étude et devant le comité de législation. L'ancienneté comme critère étant exclue, le Syndicat prend le gouvernement à son propre piège en quelque sorte en demandant que la règle du mérite soit appliquée jusque dans ses conséquences logiques ultimes.

Je reste fermement convaincu que la convention ne doit contenir aucune clause relative à la classification, à la nomination et à la promotion. À mon avis, le vacuum que l'on trouve dans la Loi devrait être corrigé par la Loi elle-même et non par la convention collective. Lorsque le gouvernement violerait cette règle du choix obligatoire de l'un des trois ou cinq premiers noms d'une liste d'éligibilité, la Loi pourrait prévoir un appel à la Commission de la fonction publique.

Il n'y a aucun doute que si aucun engagement n'est pris par le gouvernement, le Syndicat pourra l'accuser de vouloir conserver la possibilité de faire du patronage dans les nominations et les promotions.

Voici la réponse de Jean Lesage à ce sujet en date du 15 janvier 1966:

Je n'ai pas d'objection à reconnaître le mérite — au contraire j'y tiens et je l'ai prouvé — mais il n'y a aucun doute qu'après concours, lorsqu'une liste d'éligibilité est dressée, c'est le ministère concerné qui est le mieux placé pour décider qui (parmi les éligibles) doit être engagé ou promu. Il y a la question d'adaptation au milieu, entre autres. Ceci est très important (et c'est loin d'être du patronage). Je me défendrai bien d'une accusation de patronage. Une chose est certaine — dans mes ministères — le syndicat ne prendra pas ma place à moins de se faire élire par le peuple! La démocratie a ses droits et j'entends bien les faire respecter. Je n'endurerai pas que la «dictature» des syndicats remplace les droits qui découlent des obligations des représentants du peuple.

Cette attitude intransigeante ne résistera pas cependant lorsque l'heure de vérité sonnera, c'est-à-dire lorsque le gouvernement sera confronté à une grève imminente qui, si elle avait lieu, obligerait le premier ministre à changer la date des élections qu'il s'apprête à déclencher. La convention collective qui sera signée le 28 mars contient en effet de longues dispositions (6 pages) sur la classification, la nomination et la promotion. En ce qui concerne le problème que j'avais soulevé dans ma note du 14 janvier et à laquelle il m'avait répondu le 15 janvier ce que l'on vient de lire, voici ce que Jean Lesage déclare à l'Assemblée législative le 25 mars 1966, lorsqu'il fait rapport de l'entente intervenue la veille entre le gouvernement et le SFPQ:

> Et, M. le Président, décision extrêmement importante, la nomination et la promotion des fonctionnaires s'effectueront désormais selon l'ordre de mérite des candidats inscrits sur la liste d'éligibilité.
>
> [...]
>
> Et cependant [...] le gouvernement a cependant retenu à juste titre deux exceptions [...]
>
> [...]
>
> À l'avenir, l'ordre de mérite sera donc suivi strictement, sauf pour les deux cas que je viens d'énumérer. Il s'agit là d'une mesure propre à compléter le travail que nous avons entrepris depuis cinq ans dans le but de doter l'État d'une fonction publique compétente, impartiale et à la hauteur des tâches de plus en plus importantes qu'elle est appelée à remplir[8].

La classification, la nomination et la promotion ne sont pas les seules questions que le législateur a confiées à la Commission de la fonction publique. Il y a aussi, notamment, les suspensions et

---

8. *Ibid.*, p. 1686-1687.

destitutions, les règles de discipline et le perfectionnement professionnel. Dans mon rapport hebdomadaire au premier ministre en date du 19 novembre 1965, j'informe celui-ci que la DGRT se propose de refuser les demandes du SFPQ sur ces points. J'ajoute à ce sujet:

> Le Syndicat va certainement trouver que la Direction générale des relations de travail réduit le champ de négociation à sa plus simple expression et il ne manquera sûrement pas d'en faire état publiquement. Voilà pourquoi je crois opportun d'expliquer brièvement l'attitude de la Direction générale des relations de travail au sujet des principales demandes refusées.
>
> [...]
>
> e) Article 20 - Suspensions et destitutions
>
> Je me permets de vous référer à ce sujet au rapport que Me Yves Pratte a préparé à l'intention du premier ministre intérimaire, l'honorable Paul Gérin-Lajoie, le 5 novembre.
>
> La Commission de la fonction publique devrait, compte tenu de la Loi de la fonction publique, préparer elle-même les règles de discipline dans la fonction publique et en contrôler l'application en statuant sur les appels des employés. Il est normal, en effet, que la préparation de ces règles et leur contrôle par voie de décisions de nature judiciaire soient exercés par le même organisme afin d'en assurer la cohésion et l'uniformité.
>
> Le Syndicat ne prisera sûrement pas cette attitude.
>
> f) Article 22 - Perfectionnement professionnel
>
> La Direction générale des relations de travail croit qu'il ne serait pas légal d'imposer à la Commission de la fonction publique, par convention collective, des obligations sur les programmes de perfectionnement, car le législateur a donné à celle-ci juridiction en cette matière.

S'agissant de l'affaire des suspensions et des congédiements, le syndicat peut difficilement accepter de ne pas avoir son mot à dire. Il est aux prises avec plusieurs fonctionnaires et ouvriers qui ont des problèmes urgents à régler dans ces domaines. Il n'a pour seul interlocuteur que la DGRT. La Commission de la fonction publique, de son côté, se lance dans l'élaboration unilatérale de sa réglementation. Il en résulte un jeu de chassé-croisé qui devient un véritable embrouillamini.

L'article 59 de la Loi de la fonction publique est ainsi libellé:

Toute suspension doit être immédiatement portée à la connaissance de la Commission par écrit exposant les motifs de cette suspension, et la durée n'en doit pas excéder deux mois sans l'assentiment de la Commission.

L'article 61 dispose ce qui suit:

Les sous-ministres et les fonctionnaires et ouvriers permanents, temporaires ou surnuméraires ne peuvent être révoqués ou destitués que sur la recommandation écrite de la Commission après enquête, au cours de laquelle l'employé impliqué a droit de se faire entendre avec ses témoins.

À la demande de l'employé, le dossier doit être transmis au lieutenant-gouverneur en conseil, avant que la révocation ou la destitution soit décrétée.

Voici de larges extraits de la note que j'envoie à ce sujet au premier ministre le 22 octobre 1965:

La Commission de la fonction publique a demandé à Me Yves Pratte une opinion légale au sujet de ses pouvoirs en matière de suspensions et de congédiements. Me Yves Pratte a donné sa réponse à la Commission dans une lettre du 27 septembre 1965.

Le Syndicat des fonctionnaires provinciaux du Québec, par ailleurs, tout en contestant cette interprétation légale, demande à la Direction générale des relations de travail d'étudier et de régler les cas de suspension de moins de deux mois de même que les questions relatives aux suspensions de plus de deux mois ou aux congédiements révoqués pour la période des deux premiers mois de leur application.

La Commission de la fonction publique a le pouvoir de se prononcer sur les congédiements et sur les suspensions. Elle vient de décider, cependant, qu'elle ne se prononcerait pas sur les suspensions de moins de deux mois et sur la façon de régler les questions qui se rattachent aux deux premiers mois d'une suspension ou d'un congédiement révoqué.

Dans ce contexte, d'autant plus que la Loi ne l'oblige pas à faire le contraire, je crois qu'il serait opportun que la Direction générale des relations de travail refuse de s'occuper de ces cas avant la conclusion d'une convention collective, et qu'elle ne devrait pas non plus accepter dans la convention collective une clause qui porterait sur cette question. Dans le cas contraire, le ministère concerné serait obligé de reprendre avec la Direction générale des relations de travail et avec le syndicat, l'enquête qui aurait été faite au préalable par la Commission de la fonction publique d'ici la conclusion de la convention collective, sur les suspensions de plus de deux mois et sur les congédiements révoqués. Si, par ailleurs, la convention collective contenait une clause sur ce point, il en résulterait que deux jurisprudences seraient établies par deux instances différentes en matière de mesures disciplinaires, soit la Commission de la fonction publique et les tribunaux d'arbitrage.

[...]

Je crois que la Loi devrait être amendée, soit pour que la Commission de la fonction publique soit l'organisme habilité à reviser toutes les décisions en matière de suspension et de congédiement, soit pour que ces questions soient tranchées par des tribunaux d'arbitrage institués par la convention collective. Je préfère personnellement cette deuxième alternative, qui avait été recommandée par les représentants du gouvernement au sein du Comité d'étude des relations de travail dans la fonction publique, et je crois de mon devoir de vous signaler que le gouvernement va se trouver en très mauvaise posture devant les syndicats et l'opinion publique jusqu'à la modification de la Loi sur ce point.

La convention collective signée le 28 mars 1966 tranche cette question en laissant à la Commission de la fonction publique la responsabilité de statuer sur les suspensions et les congédiements. Voici à ce sujet le texte de l'article 17, intitulé *Mesures disciplinaires*:

17.00   Toute mesure disciplinaire autre qu'une destitution ou une révocation de nomination peut faire l'objet d'un grief.

17.01   Le Gouvernement doit, sans délai, informer le Syndicat:

a) de toute suspension et, à moins que l'employé ne s'y oppose, lui faire connaître les raisons de cette suspension;

b) de toute demande faite à la Commission de la fonction publique en vue de la révocation de la nomination d'un employé ou de sa destitution, et, à moins que l'employé ne s'y oppose, faire connaître au Syndicat les raisons invoquées à l'appui de cette demande.

Le 25 mars 1966, c'est-à-dire le lendemain de l'acceptation des offres gouvernementales par les membres du SFPQ, le premier ministre fait rapport à l'Assemblée législative sur l'accord qui vient d'intervenir. Voici un extrait de ce qu'il déclare à cette occasion:

Moins d'un mois après l'adoption de la Loi de la fonction publique, le syndicat déposait la première tranche de son projet de convention collective. Ce projet contenait les clauses dites non monétaires qui pouvaient s'appliquer à la fois aux fonctionnaires et aux ouvriers. Il s'agissait de questions importantes puisque s'y trouvaient toutes les demandes relatives à la mise en place du dispositif syndical au sein de l'administration et du mécanisme de règlement des conflits qui pourraient surgir à l'occasion de l'interprétation et de l'exécution de la convention.

La première tranche du projet syndical contenait aussi les demandes relatives aux diverses catégories d'action syndicale pendant les heures de travail. On y trouvait également les demandes qui ont trait aux droits acquis, aux mesures disciplinaires, au régime syndical, à la classification, à la nomination, au perfectionnement, à l'hygiène et à la sécurité.

Je tiens à souligner que la plupart des questions relatives à cette première tranche des demandes syndicales ont été réglées avant le mois de mars, c'est-à-dire avant le vote de grève.

Les demandes qui n'ont pas été réglées avant le mois de mars sont celles ayant trait à la reconnaissance syndicale, aux droits acquis, au régime syndical, aux congés syndicaux, aux congés sans solde, à la classification, à la nomination, à la promotion, au perfectionnement, à l'hygiène et à la sécurité.

Plusieurs de ces questions sont de celles qui ne se règlent habituellement que dans la dernière phase de la négociation d'une convention collective[9].

Voici quelques explications au sujet des principales demandes syndicales restées en suspens avant le vote de grève. Le problème de la reconnaissance syndicale était pratiquement réglé, mais ce règlement était subordonné à une entente relative à la sous-traitance. La demande syndicale visait à protéger l'emploi et les conditions de travail de certains employés au statut précaire lors de l'octroi d'un sous-contrat par le gouvernement. La DGRT avait proposé la clause suivante à la table des négociations: «Le Syndicat reconnaît que le Gouvernement n'exploite pas une entreprise au sens de l'article 36 du Code du travail et que le certificat d'accréditation qu'il détient et la présente convention ne lient aucun employeur autre que le Gouvernement[10].»

Sachant que cette affaire ne se réglerait pas rapidement mais plutôt dans une phase beaucoup plus avancée des pourparlers, je suggère au premier ministre, dans mon rapport hebdomadaire du 24 décembre 1965, de modifier le Code du travail afin que l'article 36 ne s'applique pas au gouvernement. Jean Lesage me répond, dans la marge de la note: «Je voudrais à tout prix éviter d'apporter des amendements au Code du Travail à la prochaine session.»

---

9. *Ibid.*, p. 1675.
10. L'article 36 du Code du travail est ainsi libellé:
«L'aliénation ou la concession totale ou partielle d'une entreprise autrement que par vente en justice n'invalide aucun certificat émis par la Commission, aucune convention collective, ni aucune procédure en vue de l'obtention d'un certificat ou de la conclusion ou de l'exécution d'une convention collective.
Sans égard à la division, à la fusion ou au changement de structure juridique de l'entreprise, le nouvel employeur est lié par le certificat ou la convention collective comme s'il y était nommé et devient par le fait même partie à toute procédure s'y rapportant, aux lieu et place de l'employeur précédent. 12-13 Eliz. II, c. 45, a. 36.

À la suite de nouvelles séances de négociation tenues les 4 et 5 janvier 1966, j'écris au premier ministre le 7 janvier: «Quant à l'article 36 du Code du travail, il est certain que le Syndicat des fonctionnaires provinciaux du Québec n'acceptera pas que le gouvernement en soit soustrait.»

La convention collective intervenue entre le gouvernement et le SFPQ le 26 mars 1966 ne contient aucune clause sur la sous-traitance. On y trouve cependant des dispositions qui améliorent sensiblement le statut de certaines catégories d'ouvriers. Plusieurs d'entre eux, par exemple, obtiennent l'assurance qu'ils pourront désormais occuper leur emploi en permanence. Ce régime ne s'appliquait jusque-là qu'aux ouvriers considérés comme «réguliers» par la Commission du service civil. Quant aux ouvriers saisonniers, ils obtiennent un droit de rappel au travail fondé en grande partie sur l'ancienneté. Pour ce qui est des ouvriers dits occasionnels, c'est-à-dire ceux qui sont embauchés pour moins de trois mois ou pour exécuter un travail ponctuel, comme la construction d'un pont, ils sont exclus du champ d'application de la convention collective.

Jusqu'au vote de grève des membres du SFPQ, Jean Lesage s'oppose farouchement à l'octroi d'un statut de permanent à une certaine catégorie d'ouvriers. Il s'agit de ceux qui ont été sans interruption au service du gouvernement pendant une période de 15 mois avant la signature de la convention collective, même s'ils ont occupé pendant ce temps des emplois différents dans plusieurs ministères. C'est à l'occasion de l'une de ces réunions du Conseil des ministres, devenues presque quotidiennes après le vote de grève, que Jean Lesage change d'idée. On trouve alors toutes sortes de raisons pour effectuer des volte-face. C'est une intervention de Pierre Laporte qui met fin aux hésitations et qui rallie la plupart de ses collègues. Il dit en substance qu'il a examiné la liste de ces ouvriers, qu'il n'y en a que 1200 environ et qu'en définitive ce sont tous des amis, c'est-à-dire des libéraux. Un sourire de connaisseurs chez la plupart des ministres présents fait le tour de la table et scelle l'affaire.

En ce qui concerne les droits acquis, autre question non réglée lors du vote de grève du 28 février 1965, j'écris ce qui suit au premier ministre dans mon rapport hebdomadaire du 19 novembre 1965:

> Il s'agit là de l'une des questions les plus importantes. Le Syndicat demande en somme de cristalliser ou de momifier éternellement par convention collective les lois, les règlements, toutes les pratiques administratives, tous les soi-disant droits ou privilèges individuels ou collectifs qui constituent en définitive le lourd héritage d'un long passé de patronage et de paternalisme. Accepter une telle demande équivaudrait à stériliser à l'avance toute revalorisation de la fonction publique et à lier les mains du législateur et du gouvernement-employeur.

Il est difficile aujourd'hui d'imaginer le cafouillis extrême, le capharnaüm invraisemblable qui existe en 1965 en ce qui a trait aux salaires et aux conditions de travail dans la fonction publique québécoise. Voici trois exemples choisis parmi bien d'autres à cet égard.

Premier exemple: des chevaux sur la «liste de paye». Pour l'exécution de certains travaux qui exigent l'utlisation d'un cheval, on embauche des cultivateurs qui, en plus de leur travail, fournissent l'animal. Au lieu de lui payer le salaire de façon distincte, on verse au cultivateur, selon que l'indique la liste de paye, un montant qui couvre à la fois son salaire et la prestation du cheval.

Deuxième exemple: en comparant les salaires des peintres au service du ministère de la Voirie avec ceux de leurs collègues du ministère des Travaux publics, on se rend compte qu'il y a une différence de 30 cents l'heure (je crois) entre les deux. Il pouvait donc arriver que deux peintres du gouvernement travaillent côte à côte et gagnent des salaires différents.

Troisième exemple: il est presque impossible à cette époque de recruter des enseignants pour des affectations dans des villages d'Inuit, car les salaires et les avantages sociaux prévus ne sont pas suffisants. Astucieusement, on avait donc engagé des enseignants en les plaçant administrativement dans la catégorie des ouvriers, ce qui permettait de leur accorder le salaire que l'on voulait, échappant ainsi aux règles de la Commission du service civil. Les salaires des ouvriers sont en effet déterminés par les autorités du ministère qui les engage. Lors des négociations, on découvre que ces enseignants ne font pas partie du Syndicat des professeurs de l'État du Québec mais plutôt du SFPQ (unité ouvriers).

Dans une note en date du 24 décembre au premier ministre, j'écris:

> Le Syndicat semble disposé à accepter que les seuls droits acquis qui devraient être maintenus sont ceux qui découlent de règlements sous l'autorité de la direction d'un ministère. J'ai demandé à monsieur McGee de me faire parvenir tous ces règlements afin de mesurer exactement les implications de la proposition que le Syndicat s'apprête à faire.

Jean Lesage répond dans la marge, en regard de cette dernière phrase: «T.B.»

Après les séances de négociation des 4 et 5 janvier, j'écris ce qui suit au premier ministre dans mon rapport hebdomadaire du 7 janvier 1966:

> Le Syndicat est prêt à accepter les propositions de la Direction générale des relations de travail relatives aux droits du gouvernement, à la définition de «griefs» et à la juridiction du tribunal d'arbitrage pourvu qu'il y ait accord sur une clause relative aux droits acquis. Le Syndicat m'a fait une nouvelle proposition au sujet de cette question des droits acquis. Selon cette proposition, le gouvernement s'engagerait à maintenir les conditions de travail qui ont été établies par réglementation gouvernementale ou ministérielle; de plus, les autres conditions de travail ne pourraient être modifiées que par réglementation générale qui serait même sujette à l'arbitrage. Le Syndicat des fonctionnaires provinciaux du Québec a ajouté cette dernière suggestion après avoir dit au préalable qu'il s'en tiendrait aux droits acquis en vertu d'une réglementation gouvernementale ou ministérielle. Le but visé par le Syndicat est d'empêcher des modifications discriminatoires de droits, de privilèges ou d'avantages acquis.

J'ai laissé entendre au Syndicat que la Direction générale des relations de travail pourrait peut-être, à la rigueur, discuter sérieusement du maintien des droits acquis ou de leur équivalent seulement lorsqu'il s'agit d'une réglementation gouvernementale ou ministérielle. J'ai bien l'impression que cette question ne se réglera pas avant la toute dernière minute des négociations.

Le dimanche matin, 6 février 1966, il y a séance de travail au domicile du premier ministre. Roch Bolduc, Yves Pratte et moi y participons. On y examine mon rapport hebdomadaire du 4 février. Voici en gros la partie de ce texte qui a trait aux droits acquis:

> Lorsque le Conseil des ministres m'a donné un mandat général sur les clauses non monétaires du projet de convention collective du Syndicat des fonctionnaires provinciaux du Québec, une clause sur les droits acquis a été exclue. Par la suite, après avoir entendu les représentations du Syndicat sur ce point et à la suite d'une modification importante de la demande syndicale, j'avais suggéré un assouplissement de la position du gouvernement.

> Dans la stratégie des négociations avec le Syndicat des professeurs de l'État du Québec (SPEQ), il devient nécessaire de faire une proposition sur ce point; d'autant plus que l'entente officieuse intervenue, il y a un an, entre le ministère de l'Éducation et l'APPES contenait une garantie qui se lisait comme suit:

> «À moins d'une stipulation contraire expresse dans les règlements en vigueur, les privilèges, avantages et droits reconnus pour l'ensemble des professeurs de l'enseignement spécialisé demeurent inchangés.»

> Je suis presque certain de pouvoir faire accepter par le Syndicat des fonctionnaires provinciaux une clause qui comporterait certaines garanties acceptables sans momifier les séquelles d'un long passé de patronage, de paternalisme et de laisser-aller administratif. Mais cela ne sera possible qu'à la dernière minute des négociations, c'est-à-dire pas avant plusieurs semaines. Vu qu'il faut faire immédiatement une proposition au Syndicat des professeurs de l'État du Québec, celle-ci serait moins avantageuse pour les salariés concernés que celle qui pourrait être faite plus tard au Syndicat des fonctionnaires provinciaux. Je vous soumets donc pour approbation le texte suivant:

«Le Gouvernement maintiendra les conditions de travail qui sont hors du champ de la présente convention pourvu qu'elles aient été fixées par un règlement du Gouvernement ou par un règlement régulièrement adopté d'un ministère ou d'un organisme.

Cependant, aucune décision relative à la classification, à la nomination ou à la promotion ne peut faire l'objet d'un grief.»

Par suite de ratures et de remarques inscrites à la main par Jean Lesage dans la marge de la note, le texte qui sera remis au syndicat se lira ainsi:

Le Gouvernement maintiendra les conditions de travail qui sont hors du champ de la présente convention pourvu qu'elles aient été fixées par arrêté en conseil.

Cet article ne s'applique pas à la classification, à la nomination ou à la promotion.

Jean Lesage avait ajouté dans la marge, après les mots «arrêtés en conseil», les mots «ou décisions du conseil de la Trésorerie», mais il les avait biffés par la suite. Il avait ajouté: «Faire l'inventaire des règlements. S'en tenir à arrêté en conseil.»

Dans les conventions qui interviendront plus tard, la crainte de la grève et du report de la campagne électorale aidant, la clause sur les droits acquis est ainsi libellée:

Lorsqu'un employé se sent lésé par une décision du Gouvernement qui modifie des conditions de travail autres que celles visées par cette convention, cet employé peut formuler un grief si cette décision n'est fondée sur aucun motif raisonnable dont la preuve incombe au Gouvernement.

Voici ce que j'écris au premier ministre le 19 novembre 1965 au sujet du régime syndical, dernière question importante parmi celles qui ne sont pas réglées avant le vote de grève du 28 février 1966:

Toute clause qui ferait de l'adhésion au Syndicat une condition du maintien de l'emploi serait illégale. Par ailleurs, il ne serait pas illégal d'accepter une clause de retenue syndicale, même si celle-ci comportait l'obligation pour tous les employés de verser au Syndicat un montant égal à la cotisation.

La Direction générale des relations de travail recommande à l'unanimité que la formule Rand[11] soit refusée. Il n'arrive presque jamais qu'un employeur accepte une clause semblable dans une première convention collective. De plus, l'acceptation d'une telle demande inciterait peut-être la Fédération des travailleurs du Québec à accuser le gouvernement encore une fois de donner les employés de la fonction publique à la Confédération des syndicats nationaux sur un plateau d'argent[12]. Accepter cette demande du Syndicat renforcerait puissamment la CSN et lui donnerait, dans le contexte social actuel du Québec, une influence énorme comme groupe de pression. Il reste que cette question, en définitive, est avant tout à l'heure actuelle une question politique au sens général de ce mot.

La Direction générale des relations de travail recommande donc que le gouvernement adopte comme position de départ la retenue syndicale volontaire et révocable, c'est-à-dire le régime présentement en vigueur. Il y aura peut-être lieu de modifier cette attitude plus tard et de proposer au Syndicat la retenue obligatoire d'un montant égal à la cotisation syndicale sur le salaire de tous les nouveaux employés.

Que le gouvernement accepte cette dernière suggestion ou même la formule Rand, la Direction générale des relations de travail croit que cette concession ne devrait être faite qu'à la toute dernière minute à condition que le Syndicat cesse à ce moment son opposition sur toutes les questions qui pourraient rester en suspens. Ce serait en somme la carte ultime du gouvernement à la fin de la dernière nuit de négociation.

---

11. En vertu de cette formule, même les salariés qui ne font pas partie du syndicat se font enlever à la source (c'est-à-dire sur leur salaire) une somme qui correspond à la cotisation syndicale et qui est versée directement au syndicat.
12. Voir en annexe le texte d'une nouvelle publiée à ce sujet par le journal *Le Devoir* le 2 février 1967. Il s'agit d'une déclaration de Louis Laberge, président de la Fédération des travailleurs du Québec.

C'est ce qui se produira effectivement lors de la soirée du 24 mars, au cours de laquelle les salariés du gouvernement représentés par le SFPQ approuveront majoritairement la recommandation qui leur est faite par leurs négociateurs d'accepter les offres du gouvernement.

L'affaire des congés syndicaux n'est pas réglée avant le vote de grève du 28 février, car elle est reliée à celle, plus générale, des congés sans solde qui apparaît dans la deuxième tranche (celle des demandes ayant une incidence pécunaire) du projet de convention collective du SFPQ.

Pour ce qui est du perfectionnement professionnel, voici en partie ce que j'écris au premier ministre dans mon rapport hebdomadaire en date du 19 novembre 1965:

> La Direction générale des relations de travail ne croit pas opportun de fixer dans la convention collective les conditions matérielles (maintien du traitement, bourses, etc.) qui s'appliqueront aux employés qui participeront à un programme de perfectionnement, car la politique de la Commission et du gouvernement dans ce domaine ne pourra pas être définie avant longtemps.

> La seule obligation que le gouvernement pourrait peut-être assumer sans inconvénient dans la convention collective, à l'heure actuelle, serait de consulter le Syndicat avant d'appliquer une nouvelle politique.

La DGRT a effectivement fait une proposition en ce sens mais le syndicat l'a refusée. Il s'agissait de la participation du syndicat à un éventuel comité consultatif qui pourrait être formé par le gouvernement. C'est pourtant ce qui se retrouvera en définitive dans la convention collective. Voici à ce sujet le libellé de l'article 18 de cette convention:

> 18.00 Les parties reconnaissent l'importance d'assurer le perfectionnement professionnel des employés et elles s'engagent à coopérer à cette fin.

> 18.01 Dans les quatorze (14) jours suivant la signature de cette convention, les parties formeront un comité conjoint qui aura pour

fonction de suggérer les mesures propres à assurer le perfectionnement professionnel des employés, et notamment les règles à suivre pour le choix de ceux qui seront appelés à y participer.

18.02 Le Gouvernement doit par tous les moyens appropriés encourager ses employés à participer aux programmes de perfectionnement qui seront établis par le Gouvernement ou par la Commission de la fonction publique; à cette fin, il accordera eu égard aux aptitudes de chacun et aux nécessités du service, des congés avec solde au plus grand nombre possible d'employés.

18.03 Le choix des employés appelés à participer à un programme de perfectionnement doit être fait sans favoritisme ni discrimination.

À l'exception des questions qui ont une incidence pécuniaire directe, on peut dire que l'essentiel de ce qui pouvait se régler dans une phase préliminaire des pourparlers avait fait l'objet d'une entente, même si aucune clause n'avait encore été paraphée. À ce stade des négociations (avant le vote de grève), le gouvernement avait fait en catastrophe des propositions d'ordre pécuniaire à la dernière minute, en particulier sur les salaires, les heures de travail, les heures supplémentaires et les vacances, mais lorsque les membres du SFPQ se sont prononcés en faveur de la grève le 28 février 1966, il n'y avait pas encore eu d'offres à la table des négociations sur les primes d'équipe, les primes d'éloignement, les frais de voyage, les congés sociaux, les congés de maternité, l'assurance-vie, l'assurance-santé et l'assurance-chômage.

Les offres salariales aux ouvriers «réguliers» n'étaient pas détaillées: il s'agissait d'une masse de 2 à 2 1/2 millions de dollars dont il faudrait ensuite négocier la répartition. La préparation de l'offre monétaire faite par le gouvernement le 25 février a exigé le concours de la DGRT, de la Direction générale de l'analyse des effectifs et des conditions de travail, du conseiller économique du gouvernement, enfin de la Commission de la fonction publique, qui, avant l'adoption de la Loi de la fonction publique, s'était toujours occupée de cette tâche. En définitive, les travaux de recherche sur les conditions de travail n'étaient pas assez avancés en février pour permettre au gouvernement de s'attabler sérieusement avec le Syndicat des fonctionnaires provinciaux du Québec.

Pour négocier efficacement, il fallait à tout prix une mobilisation générale à la tête de l'État, aussi bien pour obliger les ministères à faire rapidement ce qui leur était demandé, en particulier fournir enfin, après des mois d'attente ou de refus, certains renseignements indispensables, que pour prendre sans délai les décisions que la bonne marche des négociations imposait. Il fallait pour cela que les deux parties soient soumises à des échéances contraignantes créant une situation d'urgence évidente et incontournable pour chacune d'entre elles. Ces échéances qui, coïncidence extraordinaire, se recoupent à peu près au même moment, sont la date fixée par le SFPQ pour le début de la grève (le 25 mars 1966) et celle que le premier ministre a en tête pour le déclenchement de la campagne électorale (qui se produira le 18 avril). Ce n'est qu'après le vote de grève, le 28 février 1966, que le gouvernement se mobilisera pour de bon. Le Conseil des ministres se réunira alors presque tous les jours.

Le soir du vote de grève des membres du SFPQ, après avoir appris les résultats du scrutin, Jean Lesage m'appelle à mon domicile. Il me dit que les petits fonctionnaires et les ouvriers du gouvernement ont la sympathie du public et que, dans ces conditions, le gouvernement ne pourra pas se lancer en campagne électorale avant d'avoir signé des conventions collectives avec le SFPQ. Il va falloir, dit-il, changer la date des élections. C'était la première fois que Jean Lesage me parlait des prochaines élections. Jamais il ne m'avait dit que celles-ci étaient imminentes. Bien sûr, je savais comme tout le monde que la période des élections approchait mais je n'avais aucun renseignement privilégié à ce sujet. Après cette conversation téléphonique, le contact est rompu entre Jean Lesage et moi. Non seulement je ne serai plus un conseiller pour lui mais au contraire il fera tout pour que je devienne son bouc émissaire.

En ce qui me concerne, l'imminence d'un vote de grève me préoccupait depuis longtemps et le délai pour l'éviter me paraissait extrêmement court. J'étais intervenu à plusieurs reprises à ce sujet, verbalement et par écrit, auprès du premier ministre et de certains de ses collaborateurs les plus influents. Dans une note du 5 novembre 1965, comme on l'a déjà vu, j'écris ceci:

La Direction générale des relations de travail devrait être en mesure de faire des propositions d'ordre monétaire aux syndicats dès le début de janvier au plus tard.

Dans mon rapport hebdomadaire du 3 décembre 1965 au premier ministre, j'écris encore:

Le Syndicat m'a officiellement informé, à la fin de la séance de négociation du 1er décembre, qu'il allait incessamment donner au ministre du Travail un avis de désaccord selon l'article 42 du Code du Travail.

Dans la même note, je continue ainsi:

Lors de la séance du 30 novembre, j'ai dit au Syndicat que la Direction générale des relations de travail n'était pas en mesure d'entamer la négociation des clauses monétaires mais qu'elle était prête à continuer la négociation sur les clauses non monétaires. Le Syndicat m'a répondu qu'il ne négocierait pas les questions non monétaires en circuit fermé mais qu'il voulait, tout comme la Direction générale des relations de travail, relier ces questions aux autres.

Le lendemain, le Syndicat s'est ravisé mais en surface seulement et uniquement pour fins de propagande, en me disant qu'il était constamment disponible pour négocier.

J'ai dit au Syndicat que la Direction générale des relations de travail ne pourrait pas toucher aux clauses monétaires avant janvier et qu'à mon avis, dans les circonstances actuelles, une bonne journée de négociation en décembre sur les questions non monétaires devrait suffire. Je n'ai cependant pas pris de position ferme à ce sujet et j'ai informé le Syndicat que je lui proposerais, dans quelques jours, une date pour la prochaine séance.

Je suis absolument convaincu que la négociation sur les questions non monétaires n'apportera aucun résultat au cours des prochaines semaines. D'autre part, si la Direction générale des relations de travail accepte de s'attabler avec le Syndicat, elle sera dans l'impossibilité de se préparer sérieusement à la négociation des questions monétaires. Je crois donc que la prochaine séance de négociation devrait être fixée au 25 janvier. Le Syndicat ameuterait certainement l'opinion publique autour de ce délai, mais le gouvernement pourrait fort bien le justifier en répliquant que le Syndicat s'est accordé une période de trois mois, après l'adoption de la Loi de la fonction publique, pour préparer et pour soumettre ses demandes monétaires le 3 novembre 1965. Si le gouvernement s'accordait le même délai pour répondre aux demandes du Syndicat, la date de la prochaine séance de négociation pourrait être fixée au début de février. Malgré tout, il serait peut-être opportun, pour fins de propagande seulement, qu'une séance de négociation se tienne au milieu de décembre.

Vu que cette affaire revêt une très grande importance dans la phase d'escalade des négociations, je crois qu'il vous appartient de me donner une directive à ce sujet. Je me permets cependant de souligner que si la Direction générale des relations de travail cède à la tentation de siéger avec le Syndicat dans le seul but de pouvoir dire aux journalistes que le gouvernement ne retarde pas les négociations, celui-ci sera en plus mauvaise posture, un peu plus tard, car il ne sera pas prêt à entamer la négociation des questions monétaires dans le délai que je propose.

Jean Lesage me répond le 7 décembre:

La présente fait suite à votre note N⁰ 419 et à la conversation que nous avons eue par la suite.

Mes collègues et moi, nous vous autorisons à aviser les représentants du Syndicat que nous n'avons aucunement l'intention de modifier la Loi.

En conséquence, les négociations doivent se poursuivre dans les cadres de la Loi, clause par clause, d'abord sur toutes les questions non-monétaires.

Pour ce qui est des questions monétaires, je serai prêt à vous donner des instructions au début de janvier.

Nous croyons que vous devriez convoquer une réunion de négociations pour le 15 ou le 16 décembre.

Il y aura effectivement une séance de négociation le 15 décembre. Elle sera suivie de plusieurs autres aux dates suivantes: 21 et 22 décembre 1965; 4, 5, 11, 12, 25 et 26 janvier 1966; 8, 9 et 25 février 1966. Je n'ai cependant pas reçu de Jean Lesage les instructions qu'il devait me donner au début de janvier, conformément à sa note du 7 décembre, en ce qui concerne les questions monétaires. Malgré toutes mes interventions auprès de lui et de la Direction générale de l'analyse des effectifs et des conditions de travail à ce sujet, rien ne bouge. Je décide donc d'écrire à Jean-Charles McGee, le 14 janvier:

> Devant l'urgence de la situation, la Direction générale des relations de travail se propose d'entrer directement en contact avec les ministères, ce qui permettra à votre équipe de se consacrer surtout aux recherches auprès des organismes privés ou publics susceptibles de constituer un point de comparaison valable avec le Gouvernement du Québec, notamment: l'Hydro-Québec, la ville de Montréal, la ville de Québec, la Régie des Alcools, l'Université Laval, le Gouvernement du Canada, celui de l'Ontario, de la Saskatchewan et les États-Unis.

Comme on le voit, j'ai souvent attiré l'attention du premier ministre sur la gravité de la situation et je n'ai jamais cherché à lui donner l'illusion que tout allait pour le mieux dans le meilleur des mondes. Dans mon rapport hebdomadaire du 14 janvier, par exemple, voici ce que je lui écris:

> La Direction générale des relations de travail a négocié avec le Syndicat des fonctionnaires provinciaux du Québec pendant toute la journée du 11 janvier et pendant l'avant-midi du 12. Les prochaines séances auront lieu les 25 et 26 janvier.

> MM. Marcel Pepin et Raymond Parent m'ont dit leur étonnement au sujet de l'optimisme que vous avez manifesté sur les négociations avec le Syndicat des fonctionnaires provinciaux du Québec lors de votre conversation téléphonique avec le président de la Confédération des syndicats nationaux le 10 janvier. M. Raymond Parent a d'ailleurs insisté ironiquement, lors de la dernière séance de négociation, sur le peu de questions qui étaient réglées à l'heure actuelle. Les membres de mon équipe et moi-même ne sommes pas d'accord

sur cette interprétation, mais je tenais quand même à vous faire part de cette attitude syndicale.

On se souviendra que dans mon rapport hebdomadaire du 4 février j'avais écrit au premier ministre pour lui rappeler l'imminence d'un vote de grève des membres du SFPQ.

À la suite de mes nombreux avertissements et mises en garde, il n'y avait pas de raison pour que Jean Lesage se surprenne du résultat du vote des membres du SFPQ le 28 février 1966. Comme on l'a vu déjà, les dernières offres du gouvernement avant ce vote ne contenaient rien sur plusieurs demandes importantes que le syndicat formulait dans la deuxième tranche de son projet de convention collective. Le vote de grève a été pour le premier ministre l'équivalent d'un véritable coup de tonnerre. Le pire, c'est que ce coup le contrariait dans ce qui lui tenait le plus à cœur, c'est-à-dire le déclenchement de la campagne électorale au moment qu'il avait déjà choisi.

La stratégie de Jean Lesage en ce qui concerne les négociations dans le secteur public et leur incidence sur le déroulement de la campagne électorale était peut-être astucieuse, mais elle ne l'a quand même pas empêché de perdre ses élections. Comme on le verra plus loin dans l'histoire intitulée «Les professionnels n'ont pas la sympathie du public: qu'ils mangent de la marde», l'attitude du premier ministre à l'égard de certaines catégories de salariés de l'État n'a sûrement pas joué en sa faveur. La grève des «professionnels», en particulier, semble lui avoir nui considérablement.

D'après M. Laberge, l'enquête devrait aussi tenter de faire la lumière sur les dernières étapes des négociations entre l'État et ses fonctionnaires, et plus particulièrement sur l'entente Lesage-Pépin, laquelle, dit-il, est la cause du mécontentement actuel dans la fonction publique et de la tentative de rouvrir les négociations sur les salaires. Le leader syndical soutient que ce règlement est à l'origine de la récente grève des hôpitaux et de la crise présente de l'enseignement. Selon lui, il sera, demain, la cause d'un grave conflit à l'Hydro-Québec, du fait que la convention collective dans la fonction publique a porté le gouvernement à adopter une politique de salaires trop peu élevés.

«Pour une fois, tes barbus ont du bon sens»

L E LENDEMAIN DU VOTE DE GRÈVE, les dirigeants du Syndicat des fonctionnaires provinciaux du Québec m'envoient un télé-gramme pour demander que, conformément à l'article 75 de la Loi de la fonction publique, les deux parties examinent la question des services essentiels. Voici le libellé de cet article:

Toute grève est interdite au groupe de salariés visés à l'article 74[1].

La grève est interdite à tout autre groupe, à moins que les services essentiels et la façon de les maintenir ne soient déterminés par entente préalable entre les parties ou par décision de la Commission des relations de travail du Québec.

Le droit de grève est suspendu jusqu'au 31 janvier 1966.

Je décide donc d'écrire à tous les sous-ministres et présidents d'organismes pour connaître leur position sur ce point. Je reçois d'eux des réponses qui vont d'un extrême à l'autre. Le sous-ministre de la Justice, Julien Chouinard, estime que l'adminis-tration de la justice est un service essentiel et que la présence au travail de tous les fonctionnaires qui y sont affectés est absolument indispensable. Aucune exception ne trouve grâce à ses yeux. Le

---

1. Agents de la paix.

sous-ministre des Affaires culturelles, de son côté, est prêt à accepter que le seul service essentiel dans son domaine soit la surveillance et la protection des immeubles: musées, conservatoires de musique et d'art dramatique, etc.

Le premier ministre m'invite, comme il le fait souvent, à faire rapport au Conseil des ministres. Au cours des cinq ou six derniers mois, j'ai assisté à la plupart des réunions hebdomadaires du Conseil des ministres. Je présente les positions des sous-ministres sur les services essentiels en commençant par les deux cas que je viens de résumer. C'est l'hilarité générale. Jean Lesage se tourne alors vers Pierre Laporte, qui est le ministre des Affaires culturelles, et lui dit, au grand plaisir de la plupart des ministres qui le voient rire bien fort: «Pierre, pour une fois tes barbus ont du bon sens.»

«Claude, ne t'occupe pas de ma parole...»

Parmi les demandes du Syndicat des fonctionnaires provinciaux du Québec, celle qui porte sur la sécurité syndicale est, comme on le sait, la dernière à faire l'objet d'une entente. Celle-ci n'interviendra en effet que le soir même de l'acceptation des offres gouvernementales par les membres du syndicat, le 24 mars 1966. En début de soirée, Marcel Pepin, président de la Confédération des syndicats nationaux, vient rencontrer Jean Lesage à ce sujet.

Même si le premier ministre ne fait cette concession qu'au dernier moment à son interlocuteur, le gouvernement a déjà pris sa décision plusieurs jours plus tôt. Jean Lesage a en effet convoqué à cette fin une réunion spéciale du Conseil des ministres pour discuter exclusivement de cette affaire. La séance a lieu en soirée.

Jusqu'à ce moment, le premier ministre s'est toujours opposé à une mesure qui aurait obligé des fonctionnaires à adhérer malgré eux à un syndicat ou à payer une cotisation à un syndicat dont ils ne feraient pas partie. Il le déclare même publiquement à une certaine occasion[1]. Il faut rappeler ici que pendant quelque temps

---

1. Malgré toutes mes recherches dans les journaux et auprès de personnes qui ont été mêlées de près aux événements de cette époque, je n'ai pas trouvé de trace de cette déclaration, dont l'existence est pourtant certaine, comme on le verra par ce qui suit.

deux associations prétendent représenter les salariés de la fonction publique. Il s'agit du Conseil général des employés du gouvernement de la province de Québec et du Syndicat des fonctionnaires provinciaux du Québec. Jean Lesage annonce, le 10 juin 1964, que les fonctionnaires seront appelés à voter pour exprimer leur choix. Le vote est remporté par le Syndicat des fonctionnaires provinciaux du Québec le 30 novembre 1964.

Sur cette question de la sécurité syndicale comme sur beaucoup d'autres, même lorsqu'il a fait des déclarations solennelles à l'effet contraire, Jean Lesage a l'art de faire volte-face lorsque les circonstances et la rentabilité électorale l'exigent. Il juge cette affaire de sécurité syndicale assez importante, non seulement pour en faire l'objet exclusif d'une réunion spéciale du Conseil des ministres, mais encore pour obliger chaque ministre, à l'occasion d'un tour de table, à exprimer son opinion. Dans la salle du conseil, peu avant l'arrivée de la plupart des ministres, il confie à Pierre Laporte que Paul Gérin-Lajoie, René Lévesque et Éric Kierans se sont concertés pour présenter une proposition commune. Il est content de montrer qu'il est au courant de leurs conciliabules.

En début de réunion, Jean Lesage informe ses ministres qu'au moment de prendre une décision très importante le premier ministre du Canada, Lester B. Pearson, avait l'habitude de demander à chacun de ses ministres, convoqués en séance spéciale, d'exprimer son opinion. Il a décidé de faire la même chose ce soir. Comme il l'avait prédit, Paul Gérin-Lajoie, René Lévesque et Éric Kierans se déclarent favorables à une clause qui donnerait satisfaction au syndicat. Quand vient le tour du ministre de la Justice, Claude Wagner, celui-ci hésite beaucoup à prendre la parole. Pressé par le premier ministre, il se dit très embarrassé. Il rappelle en effet à Jean Lesage une déclaration publique que celui-ci a déjà faite. À cette occasion, le premier ministre avait promis aux fonctionnaires qui voudraient rester libres à l'égard de tout syndicat que jamais il ne les obligerait à adhérer à un syndicat ou à payer une cotisation syndicale. En somme, il leur avait donné sa parole. Jean Lesage s'empresse de l'interrompre et de lui répondre:

«Claude, ne t'occupe pas de ma parole, je m'arrangerai bien avec ça.»

Comme on le sait déjà, le gouvernement et le syndicat s'entendent à la toute dernière minute des négociations sur la formule Rand, mais à la condition que le syndicat réussisse à recruter au moins 70 pour 100 des fonctionnaires et des ouvriers «syndicables». À cette occasion, dans un tête-à-tête ultime, Jean Lesage déclare en substance à Marcel Pepin (qui me fera cette confidence plus tard): vous pouvez comprendre qu'il m'en coûte beaucoup de vous faire cette concession, car j'ai déjà déclaré publiquement que je ne l'accepterais jamais.

La nomination par Jean Lesage
d'un nouveau négociateur

L E LENDEMAIN DU VOTE DE GRÈVE, le premier ministre me
demande si je serais d'accord pour que le conseiller juridique
de la Direction générale des relations de travail (DGRT), Yves
Pratte, assiste désormais aux séances de négociation avec le
Syndicat des fonctionnaires provinciaux du Québec (SFPQ). Il
précise même: «Il fumerait sa pipe et il écouterait.» Je lui réponds
que ce serait là une excellente chose et je lui rappelle que c'est moi
qui ai demandé, par écrit d'ailleurs, le jour même de la sanction de
la Loi de la fonction publique, le 6 août 1965, qu'Yves Pratte joue
le rôle de conseiller juridique auprès de la DGRT. Il me demande
de l'accompagner à l'Assemblée législative le soir même.

Pendant la soirée du 1er mars, à l'occasion de l'étude des crédits
du ministère du Conseil exécutif, de qui relève la DGRT, je suis
assis à côté du premier ministre. Il va sans dire que l'on ne discute
pas des crédits de la DGRT mais des négociations entre le gouvernement et le SFPQ.

L'Assemblée législative devait, en cette soirée du 1er mars, étudier d'abord les crédits du service des achats, mais c'est le premier
ministre qui demande d'examiner plutôt ceux de la DGRT. Jean
Lesage y expose longuement les offres «monétaires» du gouvernement au SFPQ. Le chef de l'opposition rétorque en rappelant les

nombreuses questions non encore réglées entre le gouvernement et le syndicat. Il accuse le gouvernement d'avoir attendu trop longtemps avant de se préparer à négocier. Voici quelques extraits de ce qu'il dit à ce sujet[1]:

> [...] C'est mon devoir de rappeler... au gouvernement le devoir qu'il avait de se préparer à négocier. [...] Or le gouvernement n'est pas pris par surprise. C'est en 1960... que s'est fondé un premier syndicat qui a attendu, qui a fait du travail pendant deux ans avant de placer sa première requête en accréditation devant la Commission des relations ouvrières, c'était en décembre 1963. En 1964, le SFPQ recevait son premier certificat de reconnaissance syndicale. [...] M. le Président, c'était le 3 avril 1964. [...] Le gouvernement devait donc commencer à mettre sur pied et rapidement des mécanismes de négociations. On se souvient, M. le Président, qu'entre les mois de décembre 1963 et juin 1964, quinze requêtes tant pour les ouvriers que pour les fonctionnaires, avait été déposée (sic) [...] Donc, M. le Président, le gouvernement devait se préparer depuis 1960 et aurait dû accélérer la mise en place d'un mécanisme de négociation au moins depuis 1963 et plus particulièrement depuis la première certification en avril 1964...

Le président de la Confédération des syndicats nationaux (CSN), Jean Marchand, avait déjà fait le même reproche au gouvernement. Voici à ce sujet un extrait d'une nouvelle publiée par le journal *Le Soleil* le 7 décembre 1964, lors de la grève des employés de la Régie des alcools:

> Le Gouvernement du Québec, lorsqu'il a vu les débuts de l'organisation syndicale dans la fonction publique il y a quatre ans, aurait dû se préparer immédiatement à négocier avec ses employés, a déclaré M. Jean Marchand, président de la Confédération des syndicats nationaux, à l'ouverture du congrès de la Fédération canadienne des employés des services publics — C.S.N.

> M. Marchand a sévèrement blâmé les autorités provinciales de leur manque de diligence en ce secteur. «Si les syndicats, avec les

---

1. *Débats de l'Assemblée législative du Québec*, p. 877-878.

moyens limités dont ils disposent, ont réussi depuis quatre ans à former des conseillers techniques capables de négocier avec l'État, comment peut-on expliquer que le gouvernement, avec ses immenses ressources, n'ait pu se donner une équipe de négociateurs?» a-t-il demandé.

Jean Lesage me demande de revenir avec lui le lendemain après-midi, à 14 h 30, pour la reprise du débat sur la même question. Je me trouve donc de nouveau à côté de lui à l'Assemblée législative au début de l'après-midi du 2 mars. L'opposition officielle s'en donne à cœur joie au sujet des négociations et à propos de l'attitude rébarbative qui a été celle du premier ministre depuis plusieurs années face à l'entrée en scène du syndicalisme dans la fonction publique. La charge est menée par le député Maurice Bellemare et le chef de l'opposition officielle, Daniel Johnson.

Le député Bellemarre rappelle à Jean Lesage sa fameuse déclaration du 19 février 1962 en réponse à une délégation de la Confédération des syndicats nationaux qui était venue présenter son mémoire annuel au Conseil des ministres. Voici ce qu'on peut lire à ce sujet dans le journal *Le Devoir* du 20 février 1962:

> Dans son mémoire, la C.S.N. demande au gouvernement de reconnaître aux fonctionnaires provinciaux les droits à la reconnaissance syndicale, à la négociation, à la convention collective et à l'affiliation à une centrale syndicale.

> Le premier ministre a répondu qu'il reconnaissait aux fonctionnaires le droit d'association, mais qu'il ne saurait être question de reconnaissance syndicale.

> La reconnaissance syndicale dans le cas des fonctionnaires provinciaux, a dit M. Lesage, est contraire à deux principes. Premièrement: il ne saurait y avoir aucune convention entre la souveraine et ses employés! Deuxièmement: le parlement a une souveraineté exclusive et absolue sur les dépenses des deniers publics.

Cette déclaration prendra une teinte plus savoureuse et une forme plus lapidaire par la suite dans la mémoire collective. Elle deviendra en effet: la reine ne négocie pas avec ses sujets.

Daniel Johnson accuse ensuite le gouvernement de s'être traîné les pieds depuis des années. Après avoir rappelé ce qu'il avait dit la veille à ce sujet, il conclut: «M. le Président, pendant tout ce temps-là, qu'a fait le gouvernement[2].» Le chef de l'opposition pose ensuite une longue série de questions sur les négociations en cours. Pendant ce débat à l'Assemblée législative, Jean Lesage informe les députés que les négociations entre le gouvernement et le SFPQ ont repris à 16 heures le jour même et qu'il lui est par conséquent difficile de faire des commentaires au sujet de ce qui se passe actuellement.

C'est seulement après cette séance de l'Assemblée législative que j'apprends le nouveau rôle confié par Jean Lesage à Yves Pratte. Celui-ci est désormais le porte-parole du gouvernement auprès du SFPQ. Jean Lesage ne m'en a rien dit au préalable. Voici comment l'affaire est présentée dans l'édition du journal *Le Soleil* qui sort des presses au milieu de l'après-midi:

> Le premier ministre Jean Lesage a fait savoir cet avant-midi que Me Yves Pratte, conseiller juridique du chef du gouvernement, remplacera M. Gaston Cholette à la table de négociations, pour l'État québécois.

Il est clair que Jean Lesage a orchestré une mise en scène pour se tirer d'affaire et pour faire de moi un bouc émissaire. Il n'était pas exact de dire qu'Yves Pratte me remplaçait à la table des négociations puisque, lors des deux ou trois dernières séances, les porte-parole du gouvernement (que j'avais désignés) étaient Gaston Lefebvre et Paul Chartier, le premier pour la convention des fonctionnaires, le second pour celle des ouvriers. Si le premier ministre avait voulu agir correctement, il aurait apporté cette précision et il m'aurait demandé d'informer moi-même le SFPQ de l'entrée en scène d'Yves Pratte. Il a plutôt tout fait pour tirer son épingle du jeu. Il savait très bien qu'aux yeux du public c'était moi qui étais toujours considéré comme le négociateur du gouvernement auprès

---

2. *Débats de l'Assemblée législative du Québec*, p. 908.

du SFPQ. Son attitude à mon sujet devant les journalistes est d'ailleurs fort significative. Voici à cet égard un extrait d'une nouvelle publiée dans le journal *Le Soleil* le 2 mars 1966:

> À un journaliste qui a demandé à M. Lesage, après la séance, ce que signifiait le remplacement de M. Cholette, celui-ci a rétorqué que ça n'avait aucune signification particulière. Comme le journaliste insistait qu'au contraire ça pouvait être significatif, le premier ministre a répondu en s'éloignant: «Cherchez-le.»

> À deux pas de là, à un autre groupe de journalistes, M. René Lévesque a expliqué qu'il s'agissait d'une chose tout à faire normale à ce stade des négociations, puisque M. Cholette agit en quelque sorte comme coordinateur des négociations menées actuellement de front par huit comités de négociateurs.

> Ces huit comités, comprenant entre 50 et 60 personnes, sont à l'œuvre pour la négociation des diverses conventions collectives dans le domaine de la fonction publique. Tous relèvent de la Direction générale des relations de travail dont M. Cholette est le directeur général.

> C'est à lui qu'incombait de mettre sur pied les rouages nécessaires à l'ouverture d'un dialogue permanent entre le gouvernement (employeur) et les fonctionnaires (employés) pour la signature de ce premier contrat de travail.

Le lendemain, à mon arrivée au bureau, deux de mes collaborateurs viennent me dire qu'ils sont choqués et scandalisés du traitement que vient de m'infliger le premier ministre. Ils m'assurent de leur appui et ajoutent que, si je décide de démissionner, ils le feront immédiatement eux aussi. Il s'agit de Claude Bélanger, qui deviendra plus tard sous-ministre de la Fonction publique et président de l'Office des ressources humaines, et de Lucien Dorion, qui a déjà été vice-président de la Confédération des syndicats nationaux.

Même si l'envie de quitter mon poste est très forte, je décide de continuer mon travail. Je n'ai plus le «cœur à l'ouvrage» mais le gouvernement est en si mauvaise posture que je décide de rester, d'autant plus que le départ des deux personnes que je viens de mentionner aurait créé un grand vide. Même si ce qui arrive n'était pas fatal, je l'avais prédit à Jean Lesage le jour même où il m'avait supplié d'accepter le poste de directeur général des relations de travail près d'un an plus tôt. J'avais accepté à contrecœur. Cette fois-ci encore, c'est pour la même raison que je décide de rester à mon poste: être fidèle à l'État.

Je remettrai ma démission un peu plus tard. Voici à ce sujet des extraits d'une note que j'adresse dans un premier temps à Jean Lesage le 18 mars 1966:

> Comme suite à la visite que je vous ai faite le 14 mars 1966 au sujet de ma mutation, voici mes recommandations sur la réorganisation de la Direction générale des relations de travail.

> Que M... soit nommé directeur général du personnel au traitement de $ 18 000 lors de ma mutation. Cette nouvelle direction générale coifferait tout ce qui, en matière de gestion du personnel, ne tombe pas sous la juridiction de la Commission de la fonction publique, notamment les relations de travail.

Par cette recommandation, je voulais à tout prix éviter à mon successeur d'être comme moi dans la situation de celui qui doit livrer publiquement la marchandise mais qui ne dispose pas de l'un des instruments indispensables à cette fin, c'est-à-dire l'équipe chargée d'effectuer les recherches sur les salaires et les conditions de travail.

Immédiatement après la séance de signature des conventions collectives entre le gouvernement et le SFPQ, le 28 mars 1966, j'adresse ma lettre de démission au premier ministre. En voici le texte:

> Comme suite à ma note n° 660 en date du 18 mars 1966 dans laquelle je vous faisais des recommandations au sujet de la réorganisation de la Direction générale des relations de travail, je désire maintenant vous faire une suggestion quant à ma mutation.

> Au cours de l'entretien que vous m'avez accordé en juin dernier pour m'inviter à agir comme directeur général des relations de travail, je

vous ai demandé, avant d'accepter, de pouvoir opter pour une mutation après douze mois sans baisse de statut ou de traitement. Je vous ai indiqué à cette occasion que mon intention, le cas échéant, était de revenir au domaine de la coopération avec l'extérieur. Je vous soumets donc ci-joint un texte qui décrit les attributions et le statut que comporterait le poste dont je souhaite la création et dont je deviendrais le titulaire, soit celui de directeur général de la coopération avec l'extérieur.

Un nouveau directeur général des relations de travail ne serait nommé qu'au moment de ma mutation. Celle-ci pourrait avoir lieu le 15 juin, date anniversaire de ma nomination, ou plus tôt si possible.

Jean Lesage n'accepte pas cependant ma démission. Il me fait venir plutôt à une réunion du Conseil des ministres et me demande de continuer. Compte tenu du fait qu'il s'apprête à déclencher la campagne électorale, il confie à un comité de ministres, sous la présidence du ministre du Travail, Carrier Fortin, la responsabilité de le remplacer pour suivre les relations entre le gouvernement et les syndicats de la fonction publique.

Ce sera après l'arrivée au pouvoir de l'Union nationale que je quitterai mon poste à la DGRT pour devenir le directeur général des relations avec l'étranger au ministère des Affaires intergouvernementales.

«Les professionnels n'ont pas la sympathie du public: qu'ils mangent de la marde»

L E 12 AVRIL 1966, c'est-à-dire quinze jours après la signature de la convention collective intervenue entre le gouvernement et le Syndicat des fonctionnaires provinciaux du Québec (SFPQ), les membres du Syndicat des professeurs de l'État du Québec se mettent en grève. Le 18 avril, c'est la dissolution de l'Assemblée législative et l'annonce des élections générales pour le 5 juin.

Cette grève n'est pas, pour le premier ministre, un coup de tonnerre dans un ciel bleu. Il s'y attend. Il est convaincu cependant que les enseignants n'ont pas la sympathie du public et qu'il peut donc se lancer en campagne électorale sans risquer de perdre des voix à cause de cet événement. Il se rend vite compte cependant que l'opinion publique ne blâme pas les enseignants mais s'en prend au contraire au gouvernement.

Il change donc sa stratégie et décide de consacrer le temps qu'il faut pour aboutir rapidement à une entente avec le Syndicat des professeurs de l'État du Québec. Le mardi, 3 mai, il signe la convention collective au nom du gouvernement. Il est d'une humeur massacrante. Lors de la signature des conventions collectives avec le SFPQ, il rayonnait de joie et prononçait une allocution chaleureuse. Cette fois-ci, il est visiblement en colère. Immédiatement après avoir apposé sa signature, il prononce à peine deux ou trois phrases pour rappeler aux enseignants leur principale responsabilité, qui est de s'occuper de leurs élèves. Il quitte ensuite brusquement la salle du Conseil des ministres, où la séance de signature a eu lieu.

Je le précède dans l'antichambre pour l'informer que, d'après des renseignements que je possède de source fiable, les «professionnels» (diplômés universitaires) qui travaillent pour le gouvernement ont l'intention de se mettre en grève dans quelques jours. Je souligne le fait que, si cette prévision se réalise, les ministères auront beaucoup de mal à fonctionner. Je lui propose donc de m'inviter à faire rapport de la situation au Conseil des ministres le lendemain.

Dans la salle où nous sommes, il n'y a que Jean Lesage, son aide de camp et moi. Jean Lesage devient alors rouge de colère et me dit: «Je viens de perdre une semaine de campagne électorale à cause des enseignants. Je ne veux plus entendre parler de négociations. Les professionnels n'ont pas la sympathie du public: qu'ils mangent de la marde.» Il s'éloigne ensuite rapidement et sort pour se rendre à son bureau qui est situé au même étage dans l'immeuble voisin. Je n'ai pas le temps de retourner dans la salle du Conseil des ministres que Jean Lesage, ouvrant la porte de l'antichambre où je me trouve encore seul, me dit: «Monsieur Cholette, n'oubliez pas de leur dire de ma part qu'ils mangent de la marde.» Le lendemain matin, je reçois un appel de Jean Lesage: «Monsieur Cholette, ici le premier ministre. Je suis actuellement à la salle du Conseil avec mes collègues. Les journaux de ce matin nous apprennent que les professionnels vont se mettre en grève demain après-midi. Comment se fait-il que vous n'êtes pas ici pour nous faire rapport?»

«Il ne faut pas donner au client plus qu'il n'en demande»

À LA RÉUNION DU CONSEIL DES MINISTRES qui suit les élections du 5 juin 1966, le premier ministre m'invite à faire un rapport sur la situation qui existe dans les négociations entre le gouvernement et les syndicats représentant des groupes d'employés de la fonction publique. Comme la chose s'est souvent produite au cours des cinq ou six derniers mois, je ne suis pas présent uniquement pour la période consacrée à mon rapport, mais j'assiste à une bonne partie de la séance.

Cette fois-ci, bien entendu, on parle à peu près exclusivement de la défaite électorale. Chacun y va de son petit commentaire. Aucun ministre ne blâme la conduite de Jean Lesage, d'un collègue ou du Parti libéral. Ce qui revient le plus souvent dans la conversation, c'est que le gouvernement ne s'est pas occupé suffisamment de ses amis au cours des quatre dernières années et qu'il a voulu en faire trop pour le bien de l'ensemble de la population.

Pierre Laporte déplore le fait que plusieurs municipalités et commissions scolaires aient imposé des hausses de taxes aux contribuables à un moment tout à fait inopportun du point de vue électoral, car ce geste allait à l'encontre de la promesse faite par le Parti libéral du Québec en 1960. Ces hausses étaient en grande partie attribuables aux coûts élevés de la réforme de l'éducation, elle-même à la source de beaucoup de mécontentement au sein de la population.

Jean Lesage résume les échanges et fait le point en disant que le gouvernement s'est trop efforcé d'être un bon gouvernement. Il formule ainsi la morale de cette histoire: «Il ne faut pas donner au client plus qu'il n'en demande.»

Parler des dépenses du Québec à l'étranger, c'est rentable!

COMME RESPONSABLE DE LA COOPÉRATION INTERNATIONALE au ministère de l'Éducation et ensuite au ministère des Affaires intergouvernementales, je me suis souvent offusqué de l'attitude des députés de l'opposition officielle et des journalistes en général à l'égard des dépenses effectuées par le gouvernement pour assurer la présence du Québec sur la scène internationale. Pourtant, à peu près personne ne critique les dépenses du gouvernement central canadien dans ce domaine.

Les critiques portent sur les «maisons» du Québec à l'étranger et sur les voyages intercontinentaux, en particulier ceux des ministres. L'existence d'une opinion publique très largement hostile ou du moins extrêmement critique à l'égard de ces dépenses dites «somptuaires» se répercute jusqu'à l'intérieur de l'appareil gouvernemental. Dès que le gouvernement, en effet, décide de réduire le budget ou de diminuer les dépenses pourtant déjà approuvées par l'Assemblée législative, ce sont toujours les maisons du Québec à l'étranger ou les voyages intercontinentaux qui sont frappés en priorité. On va, dans certains cas[1], jusqu'à intercepter *in*

---

1. C'est ce que j'ai pu constater au début de la décennie 80, lorsque j'étais directeur des Affaires françaises au ministère des Affaires intergouvernementales.

extremis à l'aéroport de Mirabel, juste avant leur départ pour l'Europe, des personnes dont la mission a fait l'objet de préparatifs de plusieurs mois entre institutions françaises et québécoises, en vertu de programmes approuvés par la Commission permanente de coopération franco-québécoise.

Lorsque le gouvernement de Jean Lesage réussit à faire accéder le Québec sur la scène internationale au début de la décennie 60, l'Union nationale, qui forme alors l'opposition officielle, ne manque pas une occasion de décrier les dépenses qui découlent de cette percée vers le grand large. On assimile ces dépenses à des extravagances; on les considère comme l'une des nombreuses facettes de la folie des grandeurs qui caractérise, selon l'Union nationale, l'action gouvernementale en ces débuts de la Révolution tranquille.

Petit à petit, après la conquête du pouvoir par l'Union nationale, en 1966, des députés libéraux commencent à formuler les mêmes critiques contre le nouveau gouvernement, car celui-ci poursuit la même politique que son prédécesseur dans le domaine des relations internationales.

Un jour, dans l'autobus que j'emprunte pour me rendre à mon bureau sur la colline parlementaire, j'aperçois l'ancien ministre de l'Agriculture du gouvernement de Jean Lesage. Je décide d'aller m'asseoir à côté d'Alcide Courcy et de lui parler de cette attitude étrange de plusieurs députés libéraux. L'un de ceux dont la conduite me surprend le plus est Pierre Laporte. Lorsqu'il était ministre des Affaires culturelles, il avait pourtant déployé des efforts inouïs pour que le Québec et la France signent une entente dans le domaine de la culture.

Alcide Courcy me répond en substance que ces critiques vont dans le sens d'un courant dominant dans l'opinion publique. Lorsqu'elle formait l'opposition officielle, l'Union nationale ne se gênait pas pour exploiter cette veine. Maintenant, le Parti libéral est dans l'opposition et il constate que cette pratique est rentable. Il ne se prive pas de l'utiliser à fond à son tour.

«L'importance d'un satellite français», Daniel Johnson (père)

UN JOUR, EN 1966 OU 1967, je lis dans un journal que la France s'apprête à lancer un satellite de télécommunications qui sera au service du monde francophone. Je crois qu'il s'agit de la nouvelle suivante dans le journal *Le Devoir* parue le 25 février 1967, sous le titre: «France, satellite de télécommunications»:

> Paris — La France procédera en 1970 au lancement d'un satellite de télécommunications et de radiodiffusion qui permettra notamment de répondre aux besoins du monde francophone. Ce satellite, qui portera le nom de «Saros» gravitera sur un [sic] orbite stationnaire.
>
> Il permettra la distribution de programme [sic] de radio et de télévision en noir et blanc comme en couleurs et acheminera les liaisons téléphoniques entre continents.

Cette nouvelle a sur moi l'effet d'un coup de foudre. J'estime que le Québec doit profiter de cette chance pour devenir partie prenante du nouveau système. L'idée fait rapidement son chemin et des conversations s'engagent avec les services officiels français. Le premier ministre Daniel Johnson en parle au général de Gaulle, en termes généraux, lors d'un voyage en France en mai 1967.

Au ministère des Affaires intergouvernementales, on envisage l'envoi d'une mission en France pour examiner les différents aspects d'une éventuelle coopération franco-québécoise dans ce domaine. On apprend que la France et l'Allemagne se concertent pour réaliser des opérations dans l'espace au moyen de satellites. Le 6 juin 1967, des représentants de ces deux pays signent une convention ratifiant le projet Symphonie, nom des futurs satellites franco-allemands.

À la demande des services officiels français, le ministère des Affaires intergouvernementales retarde la mission québécoise jusqu'après la signature de la convention franco-allemande. En juin 1967, je peux enfin partir pour la France avec trois ingénieurs. La mission a lieu du 12 au 17 juin. Pour le Québec, il s'agit d'effectuer une étude d'opportunité et de faisabilité. La mission a un caractère à la fois politique et technique. Les membres de la mission québécoise rencontrent donc à cet effet des fonctionnaires qui s'occupent de questions politiques et beaucoup de personnalités qui leur fournissent des renseignements techniques sur l'opération Symphonie.

La mission québécoise constate que le satellite *Symphonie*, selon le plan original, ne vise essentiellement que l'Afrique, la Guyanne et les Antilles, c'est-à-dire les régions à l'extérieur de l'Europe qui constituent, à cette époque, dans l'esprit de beaucoup de personnalités françaises, le gros du monde francophone. Le satellite *Symphonie* n'est censé couvrir qu'une petite frange de l'Amérique du Nord, ce qui fait que le Québec sera dans une zone faiblement «éclairée». À cause de cela, le dialogue entre le Québec et la France et les autres pays de l'espace Symphonie exigerait l'installation d'une station terrienne plus importante que celle dont le Québec aurait besoin s'il était situé dans une zone mieux éclairée. Cette station terrienne permettrait au Québec de recevoir des signaux du satellite et de lui en envoyer. Ces signaux pourraient être relayés à travers le Québec par un réseau d'antennes, par un faisceau hertzien.

Dans le rapport du jeudi 13 juillet 1967, que je prépare avec les trois ingénieurs au retour de la mission et qui sera acheminé par le sous-ministre Claude Morin au bureau de Daniel Johnson, on recommande que le gouvernement du Québec prenne les dispositions nécessaires pour être relié au satellite *Symphonie*. Cela suppose que le Québec se comporte dans ce domaine comme un pays qui maîtrise lui-même ses télécommunications. Sans avoir pris d'engagement lors de mes entretiens au Centre national d'études spatiales (CNES) et au Centre national d'étude des télécommunications (CNET), je m'étais conduit lors de la mission en France comme le représentant d'un gouvernement qui, le cas échéant, n'hésiterait pas à prendre ses responsabilités pour assurer, dans le domaine des télécommunications, la continuité de sa politique de relations directes et privilégiées avec la France.

Quatre jours plus tard, lors de l'exposition universelle de Montréal, une semaine consacrée à l'électricité et à l'électronique débute au pavillon de la France. Au cours de cette semaine, je me rends à une réception où se trouvent les principaux responsables des grandes entreprises françaises dans ces branches d'activité et à laquelle participe le premier ministre, Daniel Johnson.

Au cours de la réception, je suis rejoint par le général Robert Aubinière, qui est le directeur général du Centre national d'études spatiales (CNES). Il m'entretient de l'affaire du satellite *Symphonie* et m'informe à ce sujet que des représentants d'Ottawa se sont mis en rapport avec lui pour amorcer des négociations sur un éventuel accord franco-canadien. Il me dit qu'il aimerait être présenté au premier ministre Daniel Johnson.

Je réussis à me frayer un chemin avec le général Aubinière jusqu'à Daniel Johnson. Les personnes qui entourent celui-ci se retirent et nous laissent seuls avec lui. Le général parle au premier ministre de la récente mission québécoise en France et des approches du gouvernement central canadien auprès des autorités françaises. Il demande alors carrément à Daniel Johnson avec lequel des deux interlocuteurs la France doit négocier. Daniel Johnson est visiblement ébranlé par cette question directe posée d'une façon presque militaire. Il hésite plusieurs instants et finit par répondre: «Vous savez, l'important c'est que le Québec soit couvert par le satellite français, peu importe que la juridiction soit fédérale ou provinciale.»

La conversation se termine brusquement là-dessus. Le général Aubinière quitte rapidement les lieux et me laisse tout décontenancé sur place. Je perdais la face. Pour moi, le rêve d'une grande collaboration franco-québécoise autour du satellite *Symphonie* s'écroulait. Je me dépêche alors d'aller trouver Paul Chouinard, secrétaire de Daniel Johnson, pour essayer de revenir à Québec avec eux dans l'avion du gouvernement. Je lui raconte ce qui vient de se passer. Ne faudrait-il pas que je puisse entretenir le premier ministre de ma mission récente en France? Quelques minutes plus tard, Paul Chouinard m'informe qu'il y a une place pour moi dans l'avion.

On me fait asseoir en face de Daniel Johnson. Pendant tout le trajet entre Montréal et Québec, je lui parle sans interruption des différents aspects techniques et financiers ainsi que de l'opportunité politique d'une coopération franco-québécoise directe en matière de télécommunications par satellites. Il ne me pose aucune question, sauf une au sujet de l'un des trois ingénieurs qui ont effectué la mission en France avec moi. Il m'écoute cependant avec une grande intensité. Il n'a visiblement pas lu le rapport de la mission de juin 1967, mais il est vaguement au courant du dossier, puisqu'il l'a évoqué avec le général de Gaulle à Paris en mai 1967. Une fois descendu de l'avion, au moment où je le quitte, il me dit simplement: «Monsieur Cholette, continuez votre bon travail.»

J'ai l'impression sur le coup que ces paroles ont la signification de l'expression «Cause toujours mon lapin», mais je garde un espoir car Daniel Johnson m'a semblé très intéressé. Peut-être changera-t-il d'idée un jour au sujet du rôle du Québec dans ce domaine?

Pour bien comprendre la suite de cette affaire de satellites, il faut jeter un coup d'œil sur le rapport de la mission effectuée en France en juin 1967. En effet, dans le dossier constitué à ce sujet par la Délégation générale du Québec à Paris en 1970, on lit ceci: «Juillet 1967. Dépôt du rapport préliminaire de la mission québécoise en France, rapport qui restera préliminaire mais sur lequel sera basée l'action du Québec jusqu'à aujourd'hui (1970).»

Voici les deux phrases qui constituent la clef de voûte de ce rapport:

Si nous prenons comme hypothèse de travail le fait que le Québec décide de devenir à son propre compte un interlocuteur valable dans le domaine des télécommunications par satellites et de participer ainsi plus intimement au monde francophone de demain, nous concluons qu'il doit absolument se doter graduellement de tous les maillons de l'infrastructure physique et administrative indispensable sous autorité québécoise: station terrienne pour le dialogue avec satellites, station et réseau de radio et télévision, liaisons hertziennes pour satisfaire au moins les besoins propres de communications du gouvernement, organisme pour la radio, la télévision et les autres types de communications ou plutôt, peut-être, deux organismes chargés, l'un de la radio et la télévision, l'autre des autres types de communications.

En l'absence d'une option politique québécoise autonome, le système canadien de télécommunications pourrait physiquement relier le Québec à la francophonie via les satellites français mais alors le Québec, en tant que locataire et abonné, devrait s'en remettre aux autres pour jouer son rôle dans la francophonie.

Le rapport de mission suggère un plan d'action en trois étapes. La première, qui devrait permettre au Québec de se faire la main, consisterait à participer à l'opération Symphonie en faisant des essais expérimentaux et en envoyant des ingénieurs québécois en France où ils seraient intégrés aux équipes françaises. Dans une deuxième étape, on envisagerait la mise en service d'un satellite franco-québécois, ce qui permettrait notamment au Québec de faire autre chose que de capter une partie des émissions françaises de radio et de télévision, lesquelles, à l'intérieur de Symphonie, seront conçues principalement pour la francophonie «traditionnelle». La troisième étape serait celle de la télévision en direct. Le rapport recommande au gouvernement d'utiliser une loi votée par l'Assemblée législative du Québec et sanctionnée le 20 avril 1945 qui s'intitule Loi autorisant la création d'un service provincial de radiodiffusion. Dans la perspective de la mise en place d'un dispositif québécois de télécommunications, le rapport mentionne l'existence d'un réseau de micro-ondes important, c'est-à-dire celui d'Hydro-Québec.

Peu de jours après sa brève conversation avec le général Aubinière, Daniel Johnson parle de nouveau de l'affaire des satellites avec le général de Gaulle lors du voyage de celui-ci au Québec à l'occasion de l'exposition universelle de Montréal. Le 3 novembre 1967, le gouvernement du Québec adopte un décret (arrêté en conseil) mentionnant la création d'un «Bureau de développement audio-visuel». Cet organisme, rattaché au ministère du Conseil exécutif, a notamment pour mission «de coordonner et contrôler les réalisations et les initiatives dans le domaine de la radio et de la télévision; de coordonner également la participation des divers ministères et services du gouvernement aux études relatives au projet "satellites de communications" dont les négociations sont en cours entre le Québec et la France.»

Cet organisme est dirigé par Jacques Gauthier, qui a été nommé peu de temps auparavant, au mois d'août, conseiller spécial auprès du premier ministre et directeur des techniques audiovisuelles. Jacques Gauthier se rendra plusieurs fois en France, en 1967 et en 1968, pour parler de *Symphonie* et d'un éventuel satellite franco-québécois qui s'appellerait *Memini*. Une mission française vient à son tour au Québec en octobre 1967.

Le 22 février 1968, Daniel Johnson annonce à l'Assemblée législative la création de l'«Office de la radio de Québec» (Radio-Québec). Le mois suivant, Radio-Québec et le Laboratoire central des télécommunications, entreprise établie à Paris, signent un contrat relatif à la réalisation d'une étude sur le projet de satellite franco-québécois. Le 28 mars 1968, le premier ministre Johnson fait une déclaration à ce sujet à l'Assemblée législative[1].

Il annonce que l'étude franco-québécoise a pour objet la mise en place d'un réseau de radio et de télévision éducatives qui couvrira tout le Québec et qui sera relié à un satellite. Il rappelle que

---

1. Voir en annexe des extraits de cette déclaration.

la loi votée en 1945 par la Législature québécoise pour autoriser la création d'un service provincial de radiodiffusion n'avait pas pu être mise en œuvre à cette époque parce qu'Ottawa avait dit à Québec que toute demande de permis à cet effet lui serait refusée. Il reproche à Ottawa de n'avoir rien fait, avant le début des récents pourparlers franco-québécois dans ce domaine, pour s'assurer qu'il y aurait au-dessus de nos têtes un satellite qui utiliserait la langue française. Il affirme que le Québec ne cédera pas au chantage d'Ottawa. Celui-ci, ajoute-t-il, revendique une compétence exclusive en matière de politique étrangère en s'appuyant sur une notion anachronique du domaine des relations extérieures. Daniel Johnson reprend à son compte la thèse de Paul-Gérin Lajoie, selon laquelle le droit du Québec d'agir sur la scène internationale n'est pas autre chose que le prolongement de ses compétences internes.

Comme on le voit, l'affaire du satellite a beaucoup progressé depuis la rencontre entre Daniel Johnson et le général Robert Aubinière en juillet 1967. Le premier ministre suit les opérations de près et s'y engage à fond. Cette évolution de Daniel Johnson culminera le 8 juin 1968 dans un discours[2] qu'il prononce lors de la remise des diplômes à l'Université de Sherbrooke, peu de temps avant sa mort (qui surviendra dans la nuit du 25 au 26 septembre 1968). Il y déclare en substance que le Québec doit être le maître-d'œuvre de sa politique de télécommunications. Comme foyer principal de la nation canadienne-française, le Québec doit pouvoir établir librement avec le monde extérieur les communications nécessaires à l'exercice intégral de ses compétences internes. L'égalité de nos deux communautés culturelles, de nos deux peuples fondateurs, insiste-t-il, est à ce prix. Il n'y aurait pas d'égalité possible, en effet, si l'une de ces deux communautés pouvait mesurer à l'autre l'oxygène nécessaire à sa subsistance, si l'une pouvait ouvrir ou fermer à sa guise les canaux d'alimentation culturelle de l'autre. Il n'y aurait pas d'égalité possible si les lignes de communication qui nous sont devenues vitales, en matière d'éducation et

---

2. Voir en annexe des extraits de cette déclaration.

de culture, dépendaient de décisions prises à Ottawa, où nous sommes en minorité, plutôt qu'à Québec, où nous sommes en majorité.

Malgré tout, l'affaire n'évoluera pas par la suite comme on le souhaitait au départ et comme l'avait annoncé Daniel Johnson. Il n'y aura en définitive que peu d'expériences franco-québécoises dans le domaine des télécommunications et le projet d'un satellite franco-québécois ne se concrétisera pas. Tous ces efforts cependant ne seront pas perdus. Quelques années plus tard, en 1985, grâce à la télécomunication par satellites, on assistera en effet à la création de TV5, le réseau international de télévision de langue française.

Un geste pour la galerie

AU COURS DE LA DÉCENNIE 60, lorsque la Révolution tranquille prend son envol, le Québec parvient à faire des percées remarquables sur la scène internationale. Certaines des ententes conclues avec la France, par exemple l'une qui porte sur l'éducation et l'autre sur la culture, ont une portée politique de grande envergure. Il va sans dire que les ministres Paul Gérin-Lajoie et Pierre Laporte en retirent un prestige bien mérité.

Ce courant qui porte le Québec vers le grand large et qui constitue un phénomène extrêmement positif peut cependant donner lieu quelquefois à des petits dérapages amusants. En voici un exemple. Le protagoniste de cette affaire est le «secrétaire de la province», Yves Gabias. C'est de son ministère que dépend l'«imprimeur de la reine». En 1967, une entente est conclue entre l'imprimeur de la reine et le directeur adjoint de la Documentation française, laquelle est chargée d'éditer et de diffuser les publications officielles de la République française. Le problème est de savoir qui, du côté québécois, va signer cette convention. Il s'agit d'une entente importante mais strictement administrative destinée à favoriser la diffusion des publications officielles du Québec en France et celle des publications officielles françaises au Québec.

Le texte de l'entente énumère quelques-unes des modalités d'exécution au sujet de cette diffusion: mise en œuvre de l'ensemble des moyens techniques dont chacun se sert habituellement, remise de 30 pour 100 sur le prix officiel, frais de transport, etc. Un document de cette nature ne peut décemment être signé que par un fonctionnaire, pas par un ministre. À titre de représentant du ministère des Affaires intergouvernementales, j'insiste sur le fait que le ministre Yves Gabias ne doit pas apposer sa signature à côté de celle du directeur adjoint de la Documentation française.

Cependant, Yves Gabias tient absolument à profiter de la séance de signature pour accroître sa visibilité. Je connais bien le sous-ministre d'Yves Gabias. Lucien Darveau et moi avons en effet travaillé ensemble pendant quelques années, durant la décennie 40, au sein d'une équipe appelée «L'Action familiale», relevant de l'action catholique diocésaine à Québec.

Après concertation, on finit par trouver une solution qui donnera le change à tout le monde. Il est donc décidé que l'entente sera signée par un fonctionnaire, c'est-à-dire l'imprimeur de la reine. Mais on préparera pour la signature du ministre un parchemin qui, avec son étui rouge, ressemblera en tous points à celui qui sera signé par les deux fonctionnaires.

C'est ainsi que sur les photographies officielles de la cérémonie de signature du 30 octobre 1967, on pourra voir le ministre Yves Gabias exhibant un document qui a toutes les apparences d'un traité international. Ce n'est pourtant que l'autorisation — inutile de toute façon — donnée par Yves Gabias à l'imprimeur de la reine de signer l'entente avec le directeur adjoint de la Documentation française.

Un aspirant à la succession?

Avec la défaite du Parti libéral du Québec en juin 1966, l'ascendant de Jean Lesage auprès des libéraux commence à diminuer. Bientôt, des rumeurs de grenouillage de la part de prétendus aspirants se répandent. Les journaux en parlent abondamment.

Parmi les noms qui circulent ainsi dans le public, celui de Pierre Laporte revient très souvent. Lorsque des journalistes lui posent des questions au sujet de son ambition à accéder à la direction du Parti libéral, il proteste avec force, nie avec véhémence toute velléité de cette nature et proclame bien haut sa loyauté à Jean Lesage.

Le 5 juin 1968, jour des funérailles d'André Laurendeau, ex-rédacteur en chef du journal *Le Devoir*, il est à Montréal pour participer à la cérémonie religieuse. Je me trouve moi aussi à Montréal, mais pour d'autres raisons. À la fin de l'après-midi, je me rends à l'aéroport pour prendre un avion de Québecair à destination de Québec. À l'extérieur de l'aéroport, je fais la queue pour monter dans l'appareil lorsque quelqu'un derrière moi met la main sur mon épaule. C'est Pierre Laporte.

Nous nous asseyons côte à côte dans l'avion. Il n'y a personne près de nous, ce qui fait que nous pouvons causer sans courir le risque d'être entendus. Nous parlons un peu d'André Laurendeau. Très rapidement, cependant, il me dit en substance: Monsieur

Cholette, ma question va peut-être vous surprendre, mais j'aimerais que vous me disiez si vous croyez à nos chances de reprendre le pouvoir dans l'hypothèse où Jean Lesage resterait à la tête du parti.

Très étonné de l'entendre parler ainsi, lui qui proteste publiquement de sa loyauté à l'égard de Jean Lesage, je lui réponds par la négative. Je suis content de vous entendre dire cela, répond-il vivement. Je ne manque pas de souligner les qualités que tout le monde reconnaît à l'ex-premier ministre. Je souligne cependant que je n'apprécie pas toujours certaines de ses volte-face inimaginables. Je me mets à énumérer quelques-unes des déclarations solennelles qu'il n'a pas hésité par la suite à renier: «Tant que je serai premier ministre, il n'y aura pas de ministère de l'Éducation»; «La reine ne négocie pas avec ses sujets», etc.

Pierre Laporte s'anime, me dit qu'il est content de m'entendre parler comme je viens de le faire et me raconte une anecdote qui illustre bien, précise-t-il, ce que je viens de dire. Vous vous souvenez, dit-il, de l'acharnement que Jean Lesage a mis à une certaine époque à exiger de ses ministres qu'ils se prononcent tous publiquement en faveur de la formule Fulton-Favreau. Eh bien! une semaine après avoir changé son fusil d'épaule et dit à ses ministres de cesser de parler de cette formule d'amendement à la constitution canadienne, il arrive que quelqu'un, à la réunion du Conseil des ministres, fait allusion incidemment à cette formule. Jean Lesage se dresse alors et déclare avec fermeté: je ne veux plus entendre parler de l'affaire Fulton-Favreau, c'est mort et ça pue.

«Tu veux en voir des Acadiens?
Viens avec moi!»

PENDANT TROIS ANS ENVIRON, de 1966 à 1968, des pourparlers officieux sont en cours entre interlocuteurs québécois et louisianais en vue de la conclusion d'une entente de coopération. Du côté de la Louisiane, c'est le professeur Raymond Rodgers, originaire de l'Ouest canadien, qui conduit cette opération. Il est l'aide de camp du gouverneur de la Louisiane; son épouse, Diane Larocque, est originaire du Québec et occupe le poste de secrétaire du Conseil pour le développement du français en Louisiane (CODOFIL). Du côté québécois, c'est le ministère des Affaires culturelles qui assure le dialogue.

À un certain moment, des journaux annoncent la conclusion imminente d'un accord entre le Québec et la Louisiane auquel Ottawa et Washington auraient donné leur bénédiction. Dans le même temps, le professeur Rodgers écrit au premier ministre du Québec pour l'informer du désir du gouverneur de la Louisiane d'être reçu à Québec. Pendant l'été 1968, on reçoit à Québec plusieurs textes votés par la Législature de la Louisiane en faveur de la préservation de l'héritage français: création d'un conseil de la vie française, de Télévision-Louisiane, d'une chaire de la francophonie et d'une autre sur les affaires acadiennes dans deux universités louisianaises, enseignement obligatoire du français dans les écoles, rappel du caractère officiellement bilingue de la Louisiane, etc.

C'est dans ce contexte que le ministère des Affaires intergouvernementales à Québec décide d'envoyer une mission en Louisiane. L'objectif de cette mission est de démêler l'écheveau du dialogue Québec-Louisiane et d'évaluer la possibilité d'un accord de coopération entre les deux États. Le premier contact en vue de cette mission est établi le 9 juillet par un appel téléphonique que je fais au secrétaire d'État de la Louisiane, Wade Martin. À la suite de nouvelles conversations téléphoniques et d'échanges de correspondance, j'effectue ma mission en Louisiane du 13 au 20 octobre 1968, sous les auspices de l'Office du tourisme (Louisiana Tourist Development Commission).

Je trouve un peu étrange d'être en quelque sorte entre les mains d'un organisme voué au tourisme. De fait, quelques jours s'écouleront avant que je réussisse à entrer en contact avec les véritables protagonistes de la vie française en Louisiane. Pendant ces premiers jours, j'éprouve une impression pénible car ce que je vois me confirme dans l'attitude pessimiste partagée par la plupart des Québécois au sujet du fait français en Louisiane.

Quelques heures passées à la Nouvelle-Orléans me donnent le sentiment que cette ville n'a plus de français que certains vestiges matériels. À Bâton Rouge, la capitale, je rencontre des personnalités qui ont des noms bien acadiens, mais qui ont perdu, ou bien la connaissance de la langue française, ou bien l'habitude de s'en servir. À Lafayette, par la suite, à l'occasion d'un déjeuner au club Rotary, presque tout se passe en anglais en dépit de la présence de plusieurs personnalités acadiennes.

C'est dans cette ville, qui est située au cœur de la région acadienne, que j'entends parler pour la première fois de Jacques Demongeaux. Le directeur de la station KPEL, Ron Gomez, me parle de celui-ci comme du véritable protagoniste de la renaissance française en Louisiane. Je ne peux pas le rencontrer immédiatement, car mes hôtes m'ont préparé un autre emploi du temps.

Je suis en effet invité par Roy Thériot, contrôleur du trésor (Louisiana State Comptroller) à participer à un festival des produits laitiers (Dairy Festival), à Abbeville, localité située dans son fief électoral, pas très loin de Lafayette. Le directeur de l'Office du tourisme de la Louisiane, Morris Ford, me dit en effet que ma présence à ce festival me permettra de prendre contact avec beaucoup d'Acadiens. Je me rends donc dans cette ville, où je dois en principe passer deux jours.

Lors de la cérémonie d'inauguration du festival, on n'utilise presque pas de français. Les jeunes faisant partie de la fanfare de l'école ne parlent qu'anglais entre eux. Aucune des neuf jeunes Acadiennes (17 ans en moyenne) qui convoitent le titre de reine du festival ne sait le français. Toutes affirment pourtant que leurs parents parlent le français à la maison et qu'elles aimeraient bien pouvoir en faire autant. Je crois que la plupart d'entre elles savent un peu le français mais n'osent pas le parler avec moi en présence des personnalités qui les entourent. Le français ne semble parlé entre Acadiens en Louisiane que si ces derniers ne sont pas gênés par la présence d'un «étranger».

Le 17 octobre, je participe à une grande manifestation à Saint-Martinville. Il s'agit de l'inauguration officielle de la campagne en vue de la préservation de la langue française en Louisiane. Près de mille personnes y sont présentes. Le gouverneur de l'État de la Louisiane ainsi qu'une cinquantaine de membres de la Législature et de hauts fonctionnaires participent à cette réunion, où l'on trouve, bien entendu, la plupart des principaux chefs acadiens de la Louisiane.

Dans une salle manifestement remplie d'Acadiens, des orateurs acadiens utilisent surtout l'anglais. Il faut bien reconnaître qu'ils veulent être compris par les «Américains» qui sont là. Le maître des cérémonies fait cependant tout son travail en français et tous les orateurs, même le gouverneur de l'État, utilisent partiellement le français. Lorsqu'un sénateur acadien fait la plus grande partie de son discours en français, il est évident que presque tout le monde dans la salle le suit très bien.

C'est pendant mon séjour à Abbeville que je rencontre Diane Larocque (l'épouse de Raymond Rodgers), secrétaire du CODOFIL. Je lui fais part de mes impressions, plutôt pessimistes, au sujet du fait français en Louisiane. Nous déplorons le fait que je n'ai pas encore rencontré le président du CODOFIL, Jacques Demongeaux; je lui demande de faire rapidement le nécessaire pour me mettre en rapport avec lui.

Lorsque je suis enfin en présence de Jacques Demongeaux, je lui confie mes appréhensions. Je lui dis que je n'ai pas encore réussi à établir vraiment le dialogue avec des Acadiens «ordinaires», c'est-à-dire des gens qui ne sont pas des personnalités officielles. Chaque fois que j'ai tenté l'expérience, mes interlocuteurs, qui pourtant semblaient parler français entre eux, passaient subitement à l'anglais lorsque je m'approchais d'eux. Je lui signale aussi que l'affichage public est en anglais seulement. Seuls quelques noms de localités sont en français: Bâton Rouge, Lafayette, Abbeville, Maringouin.

Face à mon scepticisme, Jacques Demongeaux dit alors: «Tu veux en voir des Acadiens? Viens avec moi!» Il m'invite à monter en voiture avec lui, en me laissant libre d'aller où je voudrais et d'arrêter n'importe où pour parler à l'interlocuteur de mon choix. Nous partons donc ensemble et nous faisons ce qu'il m'a proposé. Partout où je lui demande d'aller et d'arrêter, il engage la conversation en français avec ses interlocuteurs, et toujours ceux-ci lui répondent en français. Lorsque nous nous arrêtons, en fin d'après-midi, il me dit en substance, sur un ton triomphant: tu vois, je te l'avais dit. Passant à l'anglais, ce qu'il fait à l'occasion, il me dit: «I didn't stage this for you», ce qui revient à dire qu'il ne s'agit pas d'une mise en scène imaginée par lui pour me mystifier.

Dans le rapport de mission que je rédige à mon retour à Québec, je souligne et je commente les points forts et les points faibles du fait français en Louisiane. L'analyse de la situation me porte à penser qu'il vaudrait la peine d'organiser une vaste opération de coopération internationale en vue de renforcer les positions du français dans cet État américain, qui pourrait éventuellement devenir effectivement bilingue. Pour qu'une telle entreprise ait des chances de succès, il faudrait cependant que le Québec et les autres pays francophones intéressés, notamment la France, y mettent le paquet. Les arguments en faveur d'une telle campagne me semblent beaucoup plus pertinents que je ne l'imaginais avant d'entreprendre ma mission.

Pendant plusieurs années, il y aura effectivement un grand effort qui sera fourni par le Québec, la France et la Belgique, en particulier dans le domaine de l'enseignement. Le Québec ouvre une délégation à Lafayette en 1970. Il y sera représenté par un délégué jusqu'en 1986. À partir de 1986, la délégation devient un bureau et le délégué devient un directeur. En 1993, le Québec ferme son bureau de Lafayette, mais continue à envoyer des professeurs en Louisiane.

«Penses-tu que j'ai encore une chance?»

APRÈS LES ÉLECTIONS DU 13 AVRIL 1981, qui reportent le Parti québécois au pouvoir, le Parti libéral du Québec entre dans une longue période de morosité. Le Parti libéral encaisse mal cette deuxième défaite électorale de suite, la première sous la gouverne de Robert Bourassa en 1976, celle-ci avec Claude Ryan à sa tête. Le 10 août 1982, les pressions se faisant de plus en plus fortes et de plus en plus évidentes, Claude Ryan décide de quitter son poste.

Un peu plus de trois ans avant sa démission, Claude Ryan participe à une réception au château Frontenac en février 1979 à l'occasion de la visite à Québec de Raymond Barre, premier ministre de la République française. Comme il arrive parfois lors de la visite du premier ministre français à son homologue québécois, il se produit des retards dans l'horaire officiel car le programme est très chargé et des événements imprévus peuvent surgir à tout moment. Ce jour-là Raymond Barre est en retard d'une heure environ.

Pendant ce temps, les invités prennent l'apéritif en attendant le déjeuner. Je me trouve avec le ministre Camille Laurin. Claude Ryan vient nous trouver. Il nous avoue que parfois il se sent plus près de nous que de certains groupes à l'intérieur de son propre parti politique.

Il nous raconte ce qui s'est passé récemment entre Robert Bourassa et lui. L'ex-premier ministre, en disgrâce depuis la défaite du Parti libéral du Québec en 1976, cherche à se refaire une niche au sein de ce parti. Un jour, il se rend au domicile de Claude Ryan pour essayer d'évaluer ses chances d'effectuer un retour en politique. Convaincu que ces chances sont nulles, Claude Ryan cherche à lui faire comprendre qu'il doit abandonner ses illusions et renoncer une fois pour toutes à son rêve. Mais Robert Bourassa est obstiné. Il insiste. Claude Ryan ne bronche pas.

Claude Ryan pense qu'il a réussi à faire passer son message. Pourtant, ajoute-t-il, une fois rendu à l'extérieur de la maison, Robert Bourassa lui adresse ces dernières paroles: «Claude, penses-tu que j'ai encore une chance?» Claude Ryan rit de bon cœur en nous racontant ce dernier épisode et a l'air de nous dire: faut-il qu'il soit aveugle au dernier degré pour ne pas voir que sa carrière politique est bel et bien finie.

On sait ce qui arrive par la suite. Après la démission de Claude Ryan comme chef du Parti libéral du Québec, Robert Bourassa lui succède le 15 octobre 1983. Il devient premier ministre le 2 décembre 1985. Dans les jours qui suivent, il nomme Claude Ryan ministre de l'Éducation. Pendant tout le temps qu'il est premier ministre, Robert Bourassa confie d'importantes responsabilités et la direction de plusieurs ministères à Claude Ryan. Robert Bourrassa quitte la direction du Parti libéral du Québec le 14 décembre 1993 et son poste de premier ministre le 11 janvier 1994. Quant à Claude Ryan, il annonce son retrait éventuel de la vie politique le 1er avril 1994.

Y a-t-il du français là-dedans?

CETTE ENSEIGNE LUMINEUSE («Kenwood Ham Equipment») et ces deux affiches («Kenwood DX[1] — traordinary» et «HF transceiver — TS 305») sont installées à l'intérieur d'un établissement situé à Dollard-des-Ormeaux et exploité par une entreprise qui porte le nom suivant: Hobbytronique Inc. / Hobbytronics Inc. En vertu de l'article 60 de la Charte de la langue française, «les entreprises employant au plus quatre personnes, y compris le patron, peuvent afficher à la fois en français et dans une autre langue dans leurs établissements». Cet article s'applique à l'entreprise qui est visée ici.

La Commission de protection de la langue française fait enquête au sujet de cette affaire en 1983 et en 1984. Selon la Commission, l'entreprise Hobbytronique Inc. / Hobbytronics Inc. ne respecte pas la Charte de la langue française puisque ses messages publicitaires sont rédigés dans une langue autre que le français. Saisi par la Commission, le ministre de la Justice intente une poursuite pénale contre l'entreprise visée.

Le 16 août 1985, le juge Réjean Paul, de la Cour supérieure du Québec, acquitte sur le banc la compagnie incriminée en s'appuyant plus particulièrement sur les considérations suivantes:

---

1. DX — traordinary se prononce exactement comme «the extraordinary».

— le procureur général doit prouver que les messages affichés dont il est question ont un sens en anglais et sont traduisibles en français;

— le procureur général n'a pas fait cette preuve;

— le juge, ayant un doute raisonnable quant au sens des messages affichés, se doit d'acquitter la compagnie visée;

— il s'agit, de toute façon, d'une affaire «minime» et «irritante».

Le 11 septembre 1985, en ma qualité de président de la Commission de protection de la langue française, j'écris à Rémi Bouchard, sous-ministre associé aux affaires criminelles et pénales, pour lui demander de présenter une requête à la Cour d'appel. Je lui fais remarquer qu'aucun mot, dans l'enseigne et les affiches, n'est en français et que tous ces mots sont, linguistiquement, de langue anglaise. J'ajoute que l'avocat de la poursuite, François Drolet, a clairement démontré, grâce au témoignage de l'inspecteur de la Commission, André Picard, que les mots «equipment» et «transceiver» sont des mots anglais traduisibles en français par «équipement» et «transmetteur». Comment le juge Paul peut-il avoir un doute raisonnable à ce propos?

En sa qualité de juge de la Cour supérieure du Québec, le juge Paul n'est-il pas censé avoir, d'une certaine façon, la «connaissance judiciaire» du français et de l'anglais? C'est tellement vrai que, lorsque l'avocat de la défense a mentionné des arrêts en anglais, le juge Paul n'a pas demandé quel était le sens linguistique des expressions citées à ce propos. Je conclus mon argumentation auprès du sous-ministre associé en écrivant: «Enfin, le juge Paul n'a-t-il pas manifesté une partialité certaine lorsqu'il a affirmé qu'il s'agissait en l'occurrence d'une affaire "minime" et "irritante"? Et comment a-t-il pu qualifier ainsi des messages importants affichés clairement et exclusivement en anglais?»

La décision du juge Réjean Paul n'est pas portée en appel. Le ministère de la Justice estime en effet qu'il n'est pas possible, dans cette affaire, de formuler à la Cour d'appel une question de droit seulement. Or l'article 108 de la Loi sur les poursuites sommaires fixe les deux conditions suivantes pour justifier que l'on s'adresse à la Cour d'appel:

— il faut qu'il y ait permission de la Cour d'appel;
— il doit y avoir un intérêt suffisant à faire décider d'une question de droit seulement.

Une saga inachevée

ON SE POSE PARFOIS DES QUESTIONS sur le degré d'intégration de la communauté juive de Montréal à la société québécoise. Si l'on faisait un bilan là-dessus, on trouverait des aspects positifs et des aspects négatifs. L'affaire de l'étiquetage des produits casher fournit à cet égard un éclairage intéressant.

Les produits casher sont des aliments préparés sous la surveillance des autorités rabbiniques conformément aux règles ancestrales de la religion juive. Presque tous les produits casher commercialisés au Québec seraient importés des États-Unis et d'Israël. Les produits américains, qui représentent 95 pour 100 des importations, sont pratiquement tous présentés en anglais, tandis que ceux qui viennent d'Israël comportent presque toujours du français.

La législation québécoise prévoit que l'étiquetage des produits vendus au Québec doit se faire en français, ce qui n'empêche pas la présence d'autres langues. Depuis 1967, le Règlement sur les aliments stipule notamment: «Dans toute inscription, l'usage du français est obligatoire et aucune inscription rédigée en une autre langue ne doit l'emporter sur celle rédigée en français.» Cette obligation, qui s'appliquait uniquement aux aliments, a été étendue par la suite aux autres catégories de produits par la Loi sur la langue officielle, en 1974, et par la *Charte de la langue française* en 1977.

Depuis plusieurs années, la plupart des produits alimentaires vendus au Québec sont étiquetés conformément à la Charte de la langue française. La plus grande partie des produits casher, cependant, ne le sont pas.

Cette situation a donné lieu à une véritable saga, qui n'est pas encore terminée. Les protagonistes sont, d'une part, le gouvernement du Québec et les organismes chargés de l'application de la législation linguistique, et, d'autre part, la communauté juive de Montréal, le Congrès juif canadien, la Ligue pour les droits de l'homme de B'nai B'rith, les importateurs, des bureaux d'avocats, etc.

L'affaire débute en 1976. À la suite de l'intervention de la Régie de la langue française, la chaîne de magasins Steinberg est sur le point d'arrêter la vente des produits casher qui ne sont pas étiquetés conformément à la loi. Le Congrès juif canadien entre alors en scène, de même que les importateurs et leurs avocats. Ils demandent à la Régie de suspendre son enquête et de considérer les aliments casher comme un cas d'exception. Le Règlement relatif à la langue de l'étiquetage prévoit en effet que «peuvent être rédigés dans une ou plusieurs langues autres que le français, les étiquettes, certificats de garantie et notices des produits dont l'utilisation est très peu répandue». Si la Régie ne veut pas accepter cette interprétation du règlement, on lui suggère de modifier celui-ci pour que la loi ne s'applique plus aux produits casher. La Régie suspend effectivement son enquête, laquelle pourrait éventuellement déboucher sur des poursuites judiciaires.

Pendant dix ans, de 1976 à 1986, le même scénario se répétera, à quelques variantes près. La communauté juive de Montréal reviendra sans cesse à la charge. Au sein de l'appareil gouvernemental, la balle changera de camp sans arrêt. Elle passera de l'Office de la langue française à la Commission de surveillance de la langue française, de celle-ci à l'Office, puis au Conseil de la langue française, au ministère d'État au développement culturel, au bureau du premier ministre, de nouveau à l'Office puis à la Commission; par la suite, dans une deuxième ronde, de la Commission de surveillance de la langue française à une commission parlementaire, au ministre Gérald Godin, au Conseil, de nouveau au ministre Godin, à l'Office, au ministre, enfin au Conseil. Chaque fois que l'affaire lui échappe en quelque sorte et passe à un autre protagoniste, la Commission suspend son intervention, ce qui fait qu'elle ne mènera jamais son enquête jusqu'au bout.

À un certain moment, la valse-hésitation semble terminée. Le 19 septembre 1980, l'Office décide qu'il n'est pas opportun de donner suite à la demande qui lui a été faite d'exempter les produits casher de l'application de la loi[2]. La voie semble donc ouverte à la Commission de surveillance de la langue française. C'est dans cette conjoncture que j'accède à la présidence de la Commission le 1er septembre 1981. Le 22 octobre 1981, je rencontre le directeur général du Congrès juif canadien (région du Québec), Jacques Kantrowitz. Il s'engage à présenter un plan de redressement à la Commission en moins de deux mois.

En 1979, le président de la Ligue pour les droits de l'homme de B'nai B'rith, Julian Kotler, avait tenté d'établir un dossier sur le coût de la francisation éventuelle de l'étiquetage des produits casher américains importés au Québec. Les réponses qu'il avait reçues des fabricants étaient tellement différentes et, dans certains cas, farfelues, qu'il était impossible d'en tirer des conclusions valables. La communauté juive de Montréal envisagea alors de confier une étude à ce sujet à l'École des hautes études commerciales de Montréal, mais ce projet ne se réalisera pas.

Il faut donc, à la fin de 1981, recommencer l'exercice. Le 22 décembre 1981, deux mois exactement après mon entretien avec Jacques Kantrowitz, deux nouveaux interlocuteurs se présentent à la Commission. Il s'agit du nouveau directeur général du Congrès juif canadien, Mayer Levy, et d'Arthur Hiess, directeur de la Ligue pour les droits de l'homme de B'nai B'rith. Ils demandent un nou-

---

2. Voir en annexe la liste des motifs invoqués par l'Office de la langue française pour justifier sa décision.

veau délai pour la préparation d'un mémoire. Il y a encore deux autres réunions, auxquelles participent les importateurs. Celle du 18 février 1982 sera décisive.

À cette occasion, les importateurs remettent à la Commission la liste des produits qu'ils ont importés en 1981, en indiquant, pour chacun, la quantité et les prix et en ajoutant une mention sur l'étiquette. Ils demandent que les produits dont le volume des ventes est de moins de 100 caisses par année soient soustraits à l'application de la loi. La Commission décide d'accorder aux importateurs un délai de six mois pour réduire la proportion des produits en dérogation à 10 pour 100 ou moins de la valeur totale des importations. Après ce délai, il faudra tendre à réduire ce pourcentage à zéro.

À partir de ce moment, tous les protagonistes reconnaissent que l'on est très près d'une solution réaliste. Le 26 mai 1982, la Commission adresse aux médias un communiqué qui a reçu l'approbation du Congrès juif canadien et de la Ligue pour les droits de l'homme de B'nai B'rith. On y déclare notamment que ces deux organismes, la Commission et les importateurs se sont mis d'accord sur la francisation progressive des produits casher.

Comme il le fait d'habitude lorsqu'il s'agit de la question linguistique, le journal *The Gazette* publie, le 27 mai, une nouvelle incendiaire avec le titre choc suivant: «French label rule "hits kosher food imports".» Traduction libre: la règle de l'étiquetage en français frappe les importations de produits casher. *The Gazette* présente l'entente intervenue entre la Commission et la communauté juive comme une décision unilatérale de la Commission. Selon quelques importateurs, ajoute le journal, les produits casher deviendront plus coûteux et certains d'entre eux disparaîtront du marché québécois. Le soir même de la parution de cette nouvelle, Arthur Hiess se porte à la défense de l'entente intervenue entre la Commission et la communauté juive. Il le fait à la chaîne de télévision CFCF, lors de l'émission *Pulse*.

Quatre jours plus tard, le journal *The Gazette* publie une nouvelle et un éditorial sur l'étiquetage des produits casher. Coiffé du titre: «No way to defend French», c'est-à-dire: mauvaise façon de défendre le français, l'éditorial contient cette phrase: «The Commission's ruling has a nasty whiff of religious intolerance.» Traduction libre: il se dégage de la décision de la Commission une mauvaise odeur d'intolérance religieuse.

Compte tenu de certains renseignements fournis par des importateurs et face, notamment, à l'attitude d'Arthur Hiess, directeur du B'nai B'rith, qui déclare que la solution retenue dans l'affaire des produits casher est le fruit d'une entente équitable («fair agreement»), le journal *The Gazette* est forcé de rectifier légèrement son tir, mais, comme d'habitude, il le fait seulement une fois que le mal est accompli. Dans une nouvelle en date du 1er juin 1982, un importateur affirme que le prix de la plupart des produits casher importés n'augmentera presque pas (5 pour 100 peut-être). Ses six fournisseurs américains, qui avaient pourtant dit jusque-là qu'ils ne le feraient jamais, ont décidé de se conformer à la Charte de la langue française, sauf lorsqu'il s'agit de produits dont la quantité vendue au Québec est très faible. Dans ce dernier cas, Star Appetizing et deux autres importateurs, selon *The Gazette*, vont se charger eux-mêmes de l'étiquetage en français.

Lors d'entretiens qu'ils avaient eus au préalable avec la Commission, les importateurs et les porte-parole de la communauté juive avaient dit que les produits dont le volume des ventes était très faible pourraient facilement être retirés du marché, ce qui ne gênerait aucunement les Juifs dans la pratique de leur religion.

L'échéance de six mois fixée par la Commission pour permettre aux intéressés de se conformer à la loi se situe au milieu du mois d'août 1982. Cette échéance coïncide, à peu de chose près, avec la nomination de Gérald Godin, le 9 septembre 1982, au poste de ministre chargé de l'application de la Charte de la langue française. La Commission décide de retarder son intervention auprès de ses interlocuteurs de la communauté juive.

À la fin de janvier 1983, la Commission écrit aux importateurs pour obtenir les renseignements suivants au sujet des produits qu'ils ont importés au cours de la dernière année: quantité, nom, poids, prix à l'unité, nom du fabricant, pays d'origine, langue(s) des inscriptions, rédacteur des inscriptions (fabricant ou importateur). Un mois plus tard, afin de compléter l'inventaire de la situation, la Commission effectue des inspections dans deux magasins. J'informe le Congrès juif canadien et le B'nai B'rith de chacune de ces démarches, que mes interlocuteurs trouvent tout à fait normales.

La situation que l'on constate à l'occasion de cet inventaire est désastreuse. Globalement, aucun progrès n'a été réalisé depuis un an. La Commission décide alors de convoquer de nouveau tous les intéressés à une séance de travail. Celle-ci, qui a lieu le 26 mai 1983, marque un tournant important dans l'affaire des produits casher. Depuis plus d'un an, à la suite de ses tentatives avortées auprès de l'Office de la langue française, du ministre d'État au développement culturel et du bureau du premier ministre, la communauté juive s'était résignée au tête-à-tête obligatoire avec la Commission dans le but de se conformer aux exigences de la loi. Désormais, elle cherchera désespérément à échapper à cette dynamique. Ce sera pour elle le début d'une deuxième ronde de pressions auprès des autres interlocuteurs gouvernementaux.

La Commission sait que, pour des raisons politiques et techniques, une mise en demeure de sa part aux présumés contrevenants ne serait pas suivie d'une poursuite du procureur général. Le ministère de la Justice estime en effet qu'en principe les responsables de l'étiquetage sont les fabricants. Or les entreprises américaines visées n'ont pas d'actif au Québec. En plus de cet obstacle, la Commission est convaincue qu'elle ne sera pas appuyée, mais au contraire désavouée, par le ministre Gérald Godin si elle intervient de façon le moindrement musclée. Ce que l'on souhaite, en haut lieu, c'est que la Commission fasse le moins de vagues possible. L'heure est aux assouplissements, à l'éradication de ce que l'on appelle les «irritants» dans la Charte de la langue française.

À l'automne 1983, Gérald Godin préside aux travaux d'une commission parlementaire chargée de proposer des modifications à cette loi. Le Congrès juif canadien y présente un mémoire où il reprend, entre autres, son habituelle argumentation au sujet des produits casher. Un an après la fin des travaux de la commission parlementaire, le ministre Gérald Godin demande au Conseil de la langue française de se pencher de nouveau sur l'affaire de l'étiquetage des produits casher.

Le 11 avril 1985, le Conseil transmet au ministre un avis dans lequel il estime que l'utilisation des produits casher est très peu répandue et que ceux-ci, en conséquence, devraient échapper à l'application de la loi. Le 25 juin 1985, l'Office se prononce contre cet avis. Il croit plus opportun d'ajouter dans le règlement sur l'étiquetage une exception en faveur de tout produit alimentaire préparé selon des préceptes religieux, dans les seuls cas où n'existerait pas sur le territoire québécois un produit équivalent présenté conformément à la Charte de la langue française.

Le ministre Gérald Godin juge que cette solution est inadéquate et estime préférable de trouver une solution par voie d'une entente avec les importateurs. Il rencontre lui-même les protagonistes de la communauté juive de Montréal. Trois mois plus tard, il annonce dans un communiqué de presse qu'il demande au Conseil de réétudier toute la question.

Le 24 janvier 1986, le Conseil adopte à la majorité des voix l'avis suivant:

> Le Conseil recommande qu'un règlement prévoie une dérogation pour les produits alimentaires importés dont la fabrication obéit à des préceptes religieux dont l'observance est surveillée par une autorité religieuse et dont un équivalent de remplacement, obéissant aux mêmes préceptes et étiqueté conformément à la loi, est introuvable sur le marché québécois.

Dans la conclusion de son rapport, le Conseil écrit ceci:

> Le Conseil aurait préféré le respect librement consenti de la loi ou l'application d'une dérogation déjà prévue. Mais, pour mettre un point final à une situation qui dure depuis dix ans, il préfère une solution acceptée de tous à une solution idéale qui, dans son application concrète, pourrait nuire à l'image publique et aux objectifs fondamentaux de la Charte de la langue française.

Malgré tout, le règlement relatif à la langue de l'étiquetage ne sera pas modifié. Pendant les années qui suivront l'avis du Conseil, la Commission de protection de la langue française n'interviendra plus. Ainsi, toute l'affaire des produits casher est encore en suspens.

Un Vendredi saint à bord d'El Al

E N AVRIL 1985, en vertu de la coopération franco-québécoise, j'effectue une mission en France. À cette époque, je suis le président de la Commission de protection de la langue française. À la fin de mes travaux à Paris, j'entreprends, à mes frais et en utilisant ma réserve de jours de vacances, une tournée d'une dizaine de jours en Israël. Je fais partie à cette fin d'un groupe recruté par l'agence de voyages Tourisme français.

Le vol de Paris à Tel-Aviv se fait dans un avion de la compagnie israélienne El Al, le 5 avril. Pour l'Église catholique, ce jour est le Vendredi saint. Plusieurs des personnes qui forment le groupe de l'agence Tourisme français en partance pour Israël sont des catholiques pour qui ce voyage est un pèlerinage en Terre sainte. Elles tiennent donc à se comporter en bons fidèles qui respectent les prescriptions de la religion catholique.

Or le repas qu'on sert aux voyageurs offre uniquement de la viande. Vu que les catholiques doivent faire maigre et jeûne le Vendredi saint, plusieurs pèlerins réclament une autre nourriture que celle qui leur est servie. On leur répond qu'il n'y en a pas d'autre et que les avions de la compagnie El Al sont des avions casher, c'est-à-dire dans lesquels on doit se soumettre aux règles «diététiques» de la religion juive. Les catholiques doivent donc faire comme les Juifs.

Je ne puis m'empêcher de penser aux porte-parole de la communauté juive de Montréal dans l'affaire de l'étiquetage en français des produits cashers importés au Québec. Pendant les dix jours du voyage en Israël, période de fêtes juives, le groupe de touristes dont je fais partie se voit imposer les règles «diététiques» de la religion juive.

Le matin du retour d'Israël vers la France, je me présente avec une vingtaine de minutes de retard à l'autobus qui transporte le groupe de l'agence Tourisme français. C'est la première fois depuis le début du voyage que cela m'arrive. Je me crois pourtant en avance, comme d'habitude. Le départ n'est-il pas fixé en effet une dizaine de minutes plus tard? L'accompagnateur parisien du groupe, un Juif avec qui j'ai eu jusque-là d'excellents rapports, me reproche vivement mon retard et me prévient que je vais être soumis à un rigoureux interrogatoire par les services de sécurité à l'aéroport. On craint par-dessus tout, en effet, qu'un voyageur transporte dans ses bagages un engin explosif qu'un terroriste arabe aurait pu y placer.

N'ayant rien à cacher, je me sens bien à l'aise. Je ne m'attends donc pas à des embêtements, d'autant plus que les services de sécurité israéliens m'ont longuement questionné à l'aéroport de Paris, dix jours auparavant. Ce qui intriguait le plus mon interlocutrice, à cette occasion, c'était de savoir pourquoi mon voyage en Israël commençait en France et non pas au Québec. Je lui avais expliqué longuement mes raisons et je lui avais même montré mon ordre de mission dûment signé par un représentant autorisé du ministère des Affaires intergouvernementales. On avait l'air de penser que je voulais m'introduire en Israël en dissimulant mon identité québécoise.

Le même scénario se répète à l'aéroport de Tel-Aviv. Cette fois, cependant, l'«entretien» est beaucoup plus long et mon interlocuteur se montre agressif. Deux choses l'obsèdent tout particulièrement. Il se demande, comme l'avait fait son homologue à l'aéroport de Paris, pourquoi j'ai entrepris à Paris plutôt qu'à Montréal mon voyage en Israël. Il veut savoir aussi pourquoi je suis arrivé en retard à l'autobus qui me conduisait à l'aéroport aujourd'hui. Las de répondre constamment à ses questions, je lui demande pourquoi il ne fouille pas mes bagages, qui sont juste à côté de nous. C'est ce qu'il fait, mettant ainsi fin à notre conversation.

Une fois dans l'avion, je fais part de mes commentaires sur ce long et dur interrogatoire à l'accompagnateur juif parisien de l'agence Tourisme français. C'est lui qui m'avait désigné à l'agent des services de sécurité. Je lui signale que les autres membres du groupe dont je fais partie s'en sont tirés rapidement et sans problème. Il me donne deux raisons pour expliquer l'attitude des services de sécurité à mon endroit. Premièrement, je suis un haut fonctionnaire, ce qui porte à penser que je partage l'opinion du premier ministre du Québec, René Lévesque. Celui-ci n'a-t-il pas déclaré récemment que les Palestiniens ont droit, eux aussi, à une patrie? Deuxièmement, il y a des Québécois qui se sont entraînés, au cours des dernières années, dans des camps de commandos palestiniens. Pendant mon séjour en Israël, j'avais eu de nombreuses conversations avec l'accompagnateur parisien au sujet de l'affaire de l'étiquetage des produits cashers importés au Québec. Me confirmant qu'en France les produits cashers sont étiquetés en français, l'accompagnateur m'approuvait lorsque je lui disais qu'il devrait en être ainsi au Québec.

Nous avions aussi parlé de certains autres aspects de la question linguistique au Québec et en Israël. Il m'affirmait que l'arabe était l'une des deux langues officielles en Israël, mais je lui faisais remarquer qu'on ne voyait pas souvent de mots arabes dans la signalisation routière et qu'il n'y en avait pas du tout dans certains musées.

Un jour, pendant que le groupe de touristes faisait des emplettes dans une bijouterie, je m'étais retiré vers notre autobus. En attendant mes compagnons de voyage, j'avais causé un brin avec le chauffeur, un Palestinien. L'accompagnateur aurait-il vu là une possibilité de complot? Je présume que celui-ci avait fait rapport à mon sujet aux services de sécurité israéliens. Ces derniers s'étaient-ils renseignés sur mon compte à Montréal?

Opération modèles réduits, Lise Bacon

L'OPÉRATION MODÈLES RÉDUITS est l'une des plus importantes de toutes celles qui ont été menées par la Commission de protection de la langue française. Il s'agit d'une saga qui s'étale sur une dizaine d'années, qui est marquée par de nombreuses et inutiles tentatives d'incitation auprès de fabricants étrangers et qui, facteur décisif, culmine avec le renvoi massif aux distributeurs et aux producteurs de leurs produits non conformes à la loi. Au terme de cette opération, plusieurs fabricants qui, jusque-là, avaient refusé d'obéir, décident de se conformer à la loi.

L'affaire débute au cours de la dernière moitié de la décennie 70. Après l'adoption de la Loi sur la langue officielle à la fin de 1974, la Régie de la langue française commence à s'intéresser à cette question. L'Office de la langue française et la Commission de surveillance de la langue française continuent dans cette voie après la sanction de la *Charte de la langue française*, en 1977.

Les organismes chargés de l'application de la législation linguistique s'attaquent au problème des jouets et des jeux parce qu'ils reçoivent beaucoup de plaintes au sujet de ces produits et parce que la langue de ces objets est aussi importante pour les jeunes que la langue du travail pour les adultes. L'absence de français dans ce domaine est en effet l'un des premiers signaux traumatisants que reçoit un jeune francophone à propos de la fragilité du statut de sa langue maternelle.

L'affaire des modèles réduits n'est qu'une partie d'une opération globale qui touche les jouets, c'est-à-dire des produits destinés aux enfants, les jeux électroniques (jeux autonomes et cassettes), les casse-tête et les jeux de société. Les modèles réduits (que l'on appelle aussi maquettes ou jeux de construction) sont des reproductions, à petite échelle et en pièces détachées, d'appareils ou de véhicules que l'acheteur doit ensuite monter lui-même. Le monde des modèles réduits comprend des jeux en plastique destinés surtout aux enfants, des produits en bois et en métal, du matériel de maquette (balsa), des objets télécommandés, enfin des trains miniatures électriques. Pour des raisons de stratégie, la Commission s'occupera uniquement, en ce qui concerne les modèles réduits, des produits en plastique destinés aux enfants.

Le scénario de l'opération modèles réduits ressemble beaucoup, à plusieurs égards, à celui de l'affaire des produits cashers. Le 17 avril 1978, l'entreprise d'importation Spécialités Marquette inc., de Montréal, rencontre le ministre de l'Industrie et du Commerce, Rodrigue Tremblay. Les dirigeants de cette entreprise sont inquiets, car certains de leurs principaux clients (Eaton, Simpson, Woolco, Zellers) ont décidé, à la suite de l'intervention des organismes chargés de l'application de la Charte de la langue française, de leur retourner, le 2 juillet 1978, tous les modèles réduits qui ne sont pas étiquetés conformément à la loi.

Une semaine plus tard, dans un mémoire adressé à l'Office de la langue française, les dirigeants de Spécialités Marquette soutiennent que l'utilisation de ces produits est très peu répandue et demandent qu'ils soient considérés comme tels par les services officiels, ce qui les soustrairait à l'application de la loi. Ils reprennent à cet effet certains des arguments qui sont habituellement invoqués dans ce genre de situation, par exemple dans l'affaire des produits cashers. Ainsi, disent-ils, environ 80 pour 100 de leurs produits sont importés des États-Unis. Ces importations ne représentent pas, selon eux, 1 pour 100 de la production des fabricants américains. Compte tenu de ce fait, les entreprises américaines visées ne voudraient pas, pour des raisons de rentabilité, se plier aux exigences de la législation québécoise. En effet, soutiennent-ils, le réemballage de ces produits (environ 5000 modèles) augmenterait considérablement le prix de détail, ce qui inciterait les consommateurs à court-circuiter les distributeurs d'ici et à traiter directement, par correspondance, avec des distributeurs et des détaillants américains.

Au cours des trois années qui suivent, la Commission ne procède à aucune intervention de grande envergure, mais elle accumule des données qui lui permettront, éventuellement, de s'engager dans cette voie. À l'automne 1981, l'Association des consommateurs du Québec inc. fait parvenir une plainte à la Commission au sujet de trois jouets dont l'étiquetage n'est pas conforme à la loi. La Commission juge que le cas des jouets et celui des modèles réduits sont très différents et qu'ils devraient faire l'objet de deux opérations distinctes. La majorité des jouets, par exemple, sont vendus par les grands magasins à rayons; en ce qui concerne les modèles réduits, ce sont plutôt de grosses boutiques spécialisées qui ont la plus grande part du marché. Un coup d'œil rapide permet aussi de constater que la quantité de produits dérogatoires est très faible dans le cas des jouets mais très élevée dans celui des modèles réduits. La Commission décide donc de s'attaquer, dans un premier temps, au problème le moins compliqué, c'est-à-dire celui des jouets.

On prend donc contact à cet effet avec sept magasins à rayons du centre-ville de Montréal. On constate que les produits non conformes à la loi ne représentent que 5 pour 100 du total. À la suite de cette intervention, les produits dérogatoires sont presque tous retirés des magasins qui ont été visités. Il arrive même que des sièges sociaux de certaines de ces entreprises envoient des directives écrites à leurs succursales québécoises pour leur demander de retourner ces jouets à leurs fournisseurs. Il s'agit ici d'entreprises qui ont négocié un programme de francisation avec l'Office de la langue française et qui se conforment ainsi à un de leurs engagements.

À la fin de l'année 1982, la Commission reprend sa campagne de l'année précédente, en faisant des inspections cette fois dans

15 magasins de détail. En ce qui concerne les jouets proprement dits, l'étiquetage est conforme à la loi dans une proportion de 98 pour 100. Pour ce qui est des jeux électroniques, cette proportion n'est cependant que de 63 pour 100. Dans le domaine des jeux de société et des casse-tête, la proportion des produits conformes à la loi est de 95 pour 100. Au terme de ces inspections, la Commission demande aux magasins visés de retirer du marché les jouets, casse-tête et jeux de société dérogatoires ou de corriger sur-le-champ leur étiquetage. En ce qui concerne les jeux électroniques, elle leur accorde cependant un délai de trois mois pour régulariser la situation.

Pour aider les détaillants, la Commission décide d'écrire elle-même à 11 fabricants et à 2 distributeurs de jeux électroniques. Il faut noter ici que la Commission, dans un premier temps, ne s'attaque pas au problème des modes d'emploi, mais uniquement à celui de l'emballage. Huit des neuf fabricants qui répondent à la Commission se disent désireux de se conformer à la loi et invoquent presque tous, au sujet de la présence de produits dérogatoires au Québec, des raisons d'ordre technique ou administratif pour expliquer ce qu'ils considèrent comme des dérapages involontaires.

Le plus souvent, le fabricant suppose que les produits dérogatoires que la Commission a trouvés n'ont pas été expédiés par lui ou importés par ses distributeurs autorisés. De son côté, l'importateur autorisé explique parfois la situation par une erreur attribuable à un sous-traitant en Extrême-Orient. Il peut arriver en effet, ajoute-t-on, que des jeux destinés aux États-Unis sont placés par accident dans des colis expédiés à l'importateur canadien. Enfin, il se peut que des grossistes québécois n'achètent pas leurs produits chez l'importateur canadien mais se les procurent aux États-Unis. L'un des fabricants canadiens, qui jusque-là laissait à ses clients le soin d'étiqueter ses produits, décide qu'à l'avenir il fera ce travail lui-même. Un autre informe la Commission qu'à l'avenir tous ses produits, y compris ceux qui ne sont pas destinés au Québec, seront étiquetés conformément à la Charte de la langue française, ce qui fera disparaître le besoin d'un emballage spécial pour le Québec.

En somme, on peut dire que l'opération jeux et jouets a donné des résultats plutôt satisfaisants et que l'affaire des jeux électroniques est sur la bonne voie. Désormais, la Commission va s'engager à fond dans le secteur des modèles réduits. Il y a un lien de continuité entre ces différentes opérations. En effet, les méthodes utilisées et plusieurs des intervenants sont les mêmes.

En février 1983, les inspecteurs de la Commission examinent les modèles réduits dans 10 établissements de la région de Montréal. On découvre à cette occasion que 71,7 pour 100 de ces produits ne sont pas étiquetés conformément à la loi. Les inspecteurs ont examiné 3822 modèles. Au lieu de demander aux détaillants de retirer les objets dérogatoires de leurs tablettes, la Commission décide de commencer par écrire à 17 fabricants et distributeurs. Neuf d'entre eux seulement répondent. Leur réaction est décevante; le silence des autres n'est pas de bon augure.

Ce qui complique les choses, c'est que certains fabricants et distributeurs trouvent l'attitude des fonctionnaires québécois plus exigeante que celle de leurs homologues des pays du Marché commun européen. Avant de se lancer dans une nouvelle phase de l'opération modèles réduits, la Commission sent donc le besoin d'assurer ses arrières, notamment en synchronisant son action, si possible, avec celle des services officiels français compétents.

J'effectue une mission en France du 14 au 25 mai 1984. Les entretiens les plus importants ont lieu au Secrétariat d'État chargé de la consommation. On en arrive à plusieurs conclusions intéressantes. Ainsi la Commission et la Direction de la consommation se concerteront pour intervenir, le cas échéant, à peu près en même temps dans les mêmes secteurs. Les deux protagonistes tenteront d'harmoniser leurs exigences dans l'étiquetage des produits. Enfin, ils compareront l'étiquetage de produits dont la présentation n'est pas la même dans les deux pays, ce qui permettra à la Commission, dans certains cas, d'exiger des fabricants qu'ils traitent les Québécois comme les Français, en modifiant au besoin leurs réseaux de distribution. En novembre 1984, madame Catherine Lalumière, secrétaire d'État chargée de la consommation, est de passage à

Montréal. Elle confirme à cette occasion les décisions prises à Paris lors de ma récente mission et souhaite que l'on accorde la priorité au secteur de l'informatique grand public.

Le 20 novembre 1984, la Commission convoque des représentants des grands magasins de Montréal. Comme prévu lors de cette rencontre, elle effectue ensuite des inspections dans huit de ces magasins. Le 15 mars 1985, elle écrit aux détaillants visés pour leur faire connaître les résultats globaux de l'enquête, les convoquer à une réunion qui aura lieu le 27 mars et leur annoncer que par la suite ils recevront la liste des produits examinés dans leur magasin respectif avec leur classification, eu égard à leur degré de conformité avec la Charte de la langue française.

À la demande des détaillants, la Commission écrit aux fabricants dont ils lui ont fourni la liste et elle complète son enquête en effectuant des inspections dans les principales boutiques spécialisées. Dans une lettre en date du 23 mai 1985, elle informe les fabricants que leurs détaillants québécois doivent régulariser leur situation avant le 1er août 1985 en ce qui concerne les produits qui ne comportent aucune inscription en français. Quant aux produits qui sont partiellement dérogatoires, l'échéance est fixée au 1er novembre 1985. La Commission se met en rapport avec les représentants officiels du Québec à New York, Londres et Milan ainsi qu'avec le responsable du commerce extérieur du Japon en poste à Montréal afin qu'ils soient bien renseignés sur l'opération en cours.

Sur les 28 fabricants auxquels la Commission a écrit, 7 seulement donnent signe de vie. Certains d'entre eux affirment qu'ils ne fabriquent plus les produits incriminés ou que des grossistes non autorisés ont pu court-circuiter le réseau officiel de distribution. Un importateur assure la Commission que son fournisseur japonais se conformera incessamment à la Charte de la langue française, car cette entreprise vise le marché international. L'un des plus importants fabricants, Monogram, trouve qu'il ne serait pas pratique, sur le plan économique, de respecter la Charte de la langue française.

L'échéance du 1er août fixée par la Commission ne laisse toutefois pas indifférents quelques grossistes, car ils savent que les grands magasins s'apprêtent à leur retourner massivement certains produits. Un représentant d'Udisco, un distributeur montréalais, se présente à ce sujet aux bureaux de la Commission le 17 juillet; le 30 juillet, c'est au tour du président d'un grossiste ontarien, Hobbycraft, de frapper à la porte de la Commission. Celle-ci écoute attentivement ses interlocuteurs et répond à toutes leurs questions, mais elle maintient sa position.

Le 27 août, l'avocat d'Udisco écrit au député Herbert Marx à ce sujet. Il soutient que si la Commission poursuit son intervention, Udisco devra fermer ses portes et congédier ses 22 employés. Le 19 septembre, Herbert Marx m'écrit pour me demander des suggestions qui permettraient «de régler le problème de cette compagnie». Il est bon de signaler ici que la campagne électorale pour le renouvellement de la députation à l'Assemblée nationale est sur le point d'être déclenchée. Tout le monde sait qu'Herbert Marx sera presque à coup sûr le prochain ministre de la Justice si le Parti libéral du Québec, comme le prédisent les sondages, forme le nouveau gouvernement. Dans ma réponse à Herbert Marx, j'affirme que «la Commission entend mener à terme le travail qu'elle a entrepris».

Trois semaines plus tard, je reçois cette fois une lettre du ministre chargé de l'application de la Charte de la langue française, Élie Fallu. Cette lettre est datée du 23 octobre, jour du déclenchement de la campagne électorale. Élie Fallu m'annonce qu'il a été saisi de l'affaire Udisco par Herbert Marx. Il me demande quelles propositions ont été faites ou pourraient être faites à cette entreprise pour l'inciter au respect des prescriptions de la loi.

Le 14 novembre, je lui envoie une longue lettre de six pages. J'y fais un historique de l'opération modèles réduits. En ce qui concerne l'intention d'Udisco de fermer ses portes, je signale au ministre que cette entreprise a déjà menacé à plusieurs reprises de déménager en Ontario. Elle l'a fait dans des lettres adressées à la Commission le 10 octobre 1979, le 27 novembre 1979, le 16 août

1984 et le 13 novembre 1984. Dans ses deux premières lettres, Udisco n'invoque pas des raisons d'ordre économique car il s'agit d'affichage et de la raison sociale; dans sa lettre du 10 octobre 1979, elle écrit notamment, à propos de la Charte de la langue française, que «cette loi est stupide et arriérée». Voici quelques phrases de ma lettre dans lesquelles j'explique au ministre la décision de la Commission de maintenir son plan d'action:

> Les résultats des interventions de la Commission auprès des fabricants de modèles réduits en 1984 et en 1985 ont été plutôt décevants. Il est devenu évident que seule une pression économique d'envergure auprès des fournisseurs et des fabricants peut modifier la situation d'une manière satisfaisante. La Commission enverra donc ces jours-ci des mises en demeure aux détaillants et fournisseurs québécois qui sont en contravention.

Le ministre Élie Fallu revient à la charge dans une lettre en date du 19 novembre. Voici la phrase centrale de cette lettre:

> J'ai pris connaissance des interventions générales de la Commission dans le secteur des jeux, jouets et modèles réduits et du plan mis en œuvre, sans pour autant trouver réponse ponctuelle et précise aux questions soulevées dans le cas Udisco, ni trouver toutes propositions complémentaires de caractère pratique qui pourraient, le cas échéant, inciter cette entreprise et faciliter par une énumération de recettes appropriées, le respect des prescriptions de l'article 51 de la Charte.

La Commission estime qu'elle n'a aucune raison de ne pas continuer à aller de l'avant, car autrement les consommateurs perdraient le fruit, prêt à tomber, de plusieurs années d'efforts. La stratégie adoptée et l'échéancier prévu ont fait l'objet de longues et nombreuses consultations avec les représentants des grands magasins de Montréal, dont presque tous se disent pleinement solidaires de la Commission. Faire volte-face ou recourir à des mesures dilatoires porterait un dur coup à la crédibilité de la Commission et nuirait à la bonne application de la loi. Le 26 novembre, c'est-à-dire quelques jours seulement avant le scrutin du 2 décembre qui portera le Parti libéral au pouvoir, la Commission envoie ses mises en demeure formelles. Le 18 décembre, donc moins d'un mois après, le grossiste et importateur ontarien, Hobbycraft, informe la Commission que tous ses modèles réduits dérogatoires ont été retirés du marché québécois.

Les 28 et 29 janvier 1986, le directeur des enquêtes et le commissaire-enquêteur se rendent à Toronto, où se tient la foire du modèle réduit. Ils y rencontrent des représentants d'importateurs et de fabricants qui sont impliqués dans le renvoi massif de produits dérogatoires par les grands magasins de Montréal. Ils en profitent pour bien souligner la détermination de la Commission dans cette affaire. Parmi les entreprises avec lesquelles les deux représentants de la Commission ont des entretiens, il y a ERTL et Monogram, ces deux entreprises dont Lise Bacon parlera le 27 novembre 1987, en déclarant qu'elles viennent de conclure une entente avec la Commission parce que celle-ci a désormais «choisi de privilégier une relation d'aide auprès d'entreprises non établies au Québec[1]». ERTL et Monogram comptent parmi les plus importants fabricants de modèles réduits au monde. Ce que Lise Bacon essaie de faire passer pour une victoire acquise rapidement et attribuable à une nouvelle attitude de la Commission de protection de la langue française, presque comme un phénomène de génération spontanée, est en réalité l'aboutissement de plusieurs années d'efforts et, en fin de compte, le résultat d'une intervention musclée au terme de cette période.

Dans la vigoureuse opération de pression économique sur les fabricants qu'elle a déclenchée, la Commission sent le besoin d'obtenir l'appui des services officiels français intéressés. Le commissaire-enquêteur se rend donc en France du 14 au 25 avril 1986. Un importateur français montre au commissaire-enquêteur québécois un télégramme qu'il a reçu du fabricant américain ERTL. Celui-ci veut savoir si le nouvel étiquetage qu'il se propose de faire pour les modèles réduits destinés au Québec pourrait être

---

1. *Journal des débats*, Assemblée nationale, Commission permanente de la culture, 27 novembre 1987, p. cc—1626.

compris en France. Voilà une autre donnée permettant d'expliquer l'attitude de la compagnie ERTL, l'une de celles dont Lise Bacon parlera plus tard. Le commissaire-enquêteur informe ses interlocuteurs français que l'entreprise japonaise Hasegawa lui a déjà fait parvenir le nouvel emballage de ses produits, qui sera conforme à la loi, et qu'un autre fabricant japonais, Gunze Sangyo, est en rapport avec la Commission dans le même but.

Pendant la mission du commissaire-enquêteur, les services extérieurs de la Direction générale de la concurrence, de la consommation et de la répression des fraudes effectuent une inspection des modèles réduits dans le Jura, le Bas-Rhin et la région parisienne. Des dossiers sont déposés au Parquet en vue de poursuites judiciaires. Comme on le voit, la coopération franco-québécoise s'avère fort utile.

Après mon départ de la Commission, en juin 1986, on abandonne graduellement la formule des enquêtes sectorielles, comme celle des modèles réduits. Lorsqu'un citoyen portera plainte à l'avenir au sujet de l'étiquetage d'un produit, on se contentera désormais d'intervenir auprès du seul détaillant, grossiste ou fabricant québécois mentionné par le plaignant. La Commission ne prendra plus l'initiative d'une enquête, elle attendra d'être saisie par un plaignant. La loi stipule bien, pourtant, à l'article 171: «Les commissaires-enquêteurs procèdent à des enquêtes chaque fois qu'ils ont des raisons de croire que la présente loi n'a pas été observée.» On ne s'occupera plus, ni des concurrents québécois de l'entreprise visée, ni des entreprises situées en dehors du Québec. Si la plainte met en cause un détaillant, la Commission estimera que le problème est réglé du seul fait que le présumé contrevenant aura retiré de ses tablettes le produit incriminé. Elle ne cherchera plus à vérifier de nouveau si la situation reste normale ou à faire disparaître ce produit chez les concurrents, encore moins à faire corriger le mal à la source, c'est-à-dire chez le fabricant. Dans ce contexte, les entreprises qui font preuve de respect pour le législateur, qui se donnent par exemple la peine d'intervenir vigoureusement auprès de leurs fournisseurs — c'est ce que font en principe les grands magasins de Montréal —, subissent la concurrence déloyale de certains intervenants moins scrupuleux qui connaissent les faiblesses techniques de la loi et le laxisme qui existe dans son application.

Dans pareilles circonstances, comment qualifier la conduite de Lise Bacon qui, le 27 novembre 1987, ose s'attribuer le crédit du succès de l'opération modèles réduits?

Annexe 1

LETTRE DE GASTON CHOLETTE AU MINISTRE DU TRAVAIL, RENÉ HAMEL, EN DATE DU 17 OCTOBRE 1961.

À l'occasion de l'enquête que vous venez de faire sur le secrétariat du Conseil supérieur du Travail, vous avez été mis en présence de témoignages contradictoires, notamment en ce qui a trait aux services d'une sténo-dactylo. Les déclarations que j'ai faites à ce sujet devant les membres du Conseil supérieur du travail, en réponse aux explications qu'on me demandait, ne concordent pas avec celles de Monsieurs Noël Bérubé, assistant-chef du Service de conciliation et d'arbitrage.

Je crois que vous avez le droit de savoir toute la vérité sur cette question. De mon côté, je désire clarifier la situation car ma parole a été mise en doute et mon honneur est en cause. Je tiens donc à vous donner par écrit ma version de l'affaire et à confirmer ainsi les déclarations verbales que j'ai déjà faites devant vous.

Tout d'abord, je rappelle que depuis plusieurs mois, j'ai fait à de nombreuses reprises la demande d'une sténo-dactylo qui serait régulièrement affectée au Conseil supérieur du travail. Depuis que le Conseil a été reconstitué, en mars 1960, c'est Monsieur Noël Bérubé qui est, effectivement, le chef du secrétariat du Conseil, car il a toujours fallu que je m'adresse à lui pour obtenir les services d'une sténo-dactylo.

Lorsque j'avais un travail extraordinaire à faire exécuter, par exemple le document de travail du 1er mai 1961, Monsieur Bérubé ne pouvait pas me fournir les services nécessaires. J'ai donc dû, à cette occasion, faire des démarches auprès d'autres personnes au Ministère du travail. Dès le milieu de mars 1961, je me suis adressé au Service du personnel du Ministère. Je suis revenu à la charge trois ou quatre fois jusqu'au début d'avril. J'ai communiqué aussi une ou deux fois à ce sujet, à cette période, avec Monsieur Gérard Tremblay, sous-ministre. Vu que je ne parvenais pas à obtenir les services d'une sténo-dactylo, le président de la Commission permanente, Monsieur Jean-Marie Martin, est intervenu lui-même. C'est à la suite de cette démarche extraordinaire que j'ai enfin obtenu, vers le milieu d'avril, une sténo-dactylo. Le 1er mai, je remettais le document au Service des impressions. Le 4 mai, j'informais la Commission permanente et le sous-ministre adjoint, Monsieur Donat Quimper, que le document était rendu au Service des impressions. Dès que les épreuves ont été prêtes, j'ai fait les corrections le soir, à ma résidence, afin de ne pas retarder l'impression. Finalement j'ai expédié le document le 15 juin, dès sa réception. Si j'avais eu une sténo-dactylo régulièrement à mon service, j'aurais pu expédier le document environ deux mois plus tôt.

Je regrette d'avoir à fournir tous ces détails, mais je crois qu'il est nécessaire de le faire. J'insiste ici sur le fait que les membres de la Commission permanente ont été très mécontents, à l'époque et par la suite, de ces difficultés de régie interne et du long retard dans la préparation du document du 1er mai. Le 4 mai, au cours d'une réunion de la Commission permanente, Monsieur Jean Marchand s'était fait le porte-parole des membres pour demander à Monsieur Donat Quimper, qui était présent, d'affecter régulièrement une sténo-dactylo au Conseil supérieur ou, au moins, d'accorder au secrétaire du Conseil supérieur un droit prioritaire aux services d'une sténo-dactylo. Monsieur Quimper avait alors acquiescé à cette demande et avait promis de régler le problème le jour même, c'est-à-dire au cours de l'après-midi. Cette promesse n'a jamais été remplie. On ne m'en a du moins jamais informé, et rien par la suite ne m'a jamais permis de constater le contraire. Par la suite, le personnel féminin du Service de conciliation étant de plus en plus occupé, j'ai toujours eu de la difficulté à obtenir une sténo-dactylo. Presque chaque fois que j'en faisais la demande, Monsieur Noël Bérubé me repondait que je l'embarrassais, que son personnel féminin était surchargé de travail, qu'il en avait assez de faire exécuter des travaux pour le Conseil supérieur, que je devrais «leur» dire qu'il était «écœuré» de tout ça, etc. En somme, chaque fois que j'avais du travail à confier à une sténo-dactylo, il fallait que je négocie, que j'explique le degré d'urgence de mes demandes. Bref, j'arrivais toujours comme un chien dans un jeu de quilles. Monsieur Bérubé est allé jusqu'à dire qu'il avait envie de refuser, et que ce serait là probablement le seul moyen de régler le problème une fois pour toutes. Par précaution — et sans doute pour dire le mot qui le «couvrirait» au cas où il aurait éventuellement des explications à vous fournir — il ajoutait habituellement à la fin qu'il était néanmoins toujours prêt à collaborer, qu'il ne refusait pas. Mais en fait, effectivement, mon travail n'était presque jamais exécuté immédiatement, il y avait presque toujours des délais. J'en étais rendu à accumuler les travaux afin de tout faire exécuter d'un seul coup au lieu de quémander les services d'une sténo-dactylo pour chaque lettre ou pour chaque procès-verbal.

Quand la Commission a terminé ses travaux, le 17 août 1961, ses membres avaient demandé que je remette à jour le document de travail du 1er mai 1961, en y intégrant les résultats des retouches effectuées après cette date. Cette tâche que la Commission me confiait et les travaux ultérieurs que l'on prévoyait pour la dernière phase de la préparation du projet de code du travail ne pouvaient pas s'accomplir dans les conditions existantes. J'ai mis la Commission bien au courant de cette impossibilité. Voilà pourquoi la Commission a confié à Mᶜ Paul Lebel et à Monsieur Roger Provost la mission de vous rencontrer afin de discuter la réorganisation du secrétariat. Cette entrevue a eu lieu le 17 août 1961.

À partir de cette date, étant donné l'inutilité de mes efforts dans le passé et l'intervention de Mᶜ Paul Lebel et de Monsieur Roger Provost auprès de vous, j'ai attendu qu'une sténo-dactylo soit affectée au Conseil supérieur. Quelques jours plus tard, à la fin d'une entrevue que vous m'accordiez en compagnie de Monsieur Charles Bélanger au sujet de la revision de l'ordonnance n° 39, vous m'avez demandé si j'avais une sténo-dactylo. Je vous ai répondu dans la négative. Vous m'avez alors demandé si j'en connaissais. J'ai donc, au cours des journées suivantes, commencé à en chercher une. En attendant la réponse d'une sténo-dactylo que j'avais rencontrée, j'ai communiqué par téléphone avec Monsieur Pruneau, directeur du personnel du ministère du travail, afin de le mettre au courant de mes démarches et de m'informer du résultat des siennes. Il m'a répondu qu'il s'occupait lui-même de l'affaire, qu'il avait fait une demande à la Commission du service civil, et qu'il n'était pas nécessaire que je m'en mêle.

En plus de la remise à jour du document de travail du 1er mai 1961, il me restait, après le 17 août, à dicter quelques procès-verbaux et à convoquer une réunion du Conseil supérieur pour les 13 et 14 septembre. Le 29 août, je suis allé à 1a résidence de Me Paul Lebel. Celui-ci m'a demandé à cette occasion de convoquer le Conseil. Dès le lendemain, c'est-à-dire le 30 août, je redigeais moi-même la lettre de convocation et j'écrivais à la main, sur la feuille, des instructions pour que la sténo-dactylo signe pour moi si je n'étais pas au bureau lorsque les lettres seraient prêtes. J'ai remis le tout à Monsieur Noël Bérubé le jour même en insistant sur l'importance de cette convocation et sur son caractère urgent. J'ai expliqué à Monsieur Bérubé qu'il y avait des délais à respecter dans la convocation du Conseil et, au cours de la même conversation, je lui ai rappelé que c'était important et urgent. Monsieur Bérubé m'a répondu qu'il était physiquement impossible de commencer à faire préparer les lettres avant le vendredi, 1er septembre, ou même le mardi, 5 septembre. C'est le rapport du mois, me dit-i1, et de plus il y a quantité d'autres rapports du Service de conciliation et d'arbitrage qui sont en retard. Il ajouta que, même s'il le voulait, i1 ne serait pas capable de faire autrement, et il me dit qu'il ferait préparer et expédier les lettres aussitôt que possible.

Je crois que je suis revenu à la charge au cours de la même semaine, en insistant sur les mêmes raisons, mais Monsieur Bérubé m'a répondu la même chose. Finalement, les lettres ont été mises à la poste le jeudi après-midi, 7 septembre 1961. Vous avez ici, Monsieur le Ministre, un échantillon de la procédure d'exécution des travaux du Conseil supérieur du travail. Voilà une des raisons pour lesquelles je n'ai pas fait de demande formelle à Monsieur Noël Bérubé pour une sténo-dactylo qui aurait mis à jour le document de travail du 1er mai 1961 et qui aurait copié les procès-verbaux en retard. Ces documents comprenaient en tout près de trente feuilles, sans interlignes. Monsieur Bérubé a admis d'ailleurs, lorsqu'il a constaté après coup l'ampleur des travaux que j'avais à faire exécuter, qu'il aurait refusé si je lui en avais fait la demande. Il est évident, après tous ces renseignements, que les travaux du Conseil n'avaient pas priorité.

J'insiste beaucoup sur ce point car c'est le nœud du problème. Avant notre rencontre du 15 septembre 1961, personne ne m'avait jamais dit que j'avais un droit prioritaire aux services d'une sténo-dactylo pour les travaux du Conseil supérieur. L'exemple que je viens de vous fournir au sujet de la lettre de convocation de la réunion du 1er septembre illustre avec éloquence et avec évidence que je n'avais pas droit à cette priorité, ou du moins qu'on ne me l'avait pas accordée, et ce quelques jours à peine avant l'ajournement de la réunion du 13 septembre.

Depuis le 18 septembre, date de l'arrivée d'une sténo-dactylo au Conseil supérieur, je n'ai aucune difficulté à faire exécuter mon travail et les travaux du Conseil n'ont subi aucun retard. Il en aurait toujours été ainsi dans le passé si j'avais eu un droit prioritaire à une sténo-dactylo. Mais j'insiste sur le fait que c'est seulement depuis le 18 septembre que j'ai ce droit.

Dans la lettre que vous avez adressée à Me Paul Lebel, président du Conseil, en date du 4 octobre 1961 — lettre que Me Lebel a lue en assemblée plénière le 5 octobre — vous écrivez que vous aviez donné des instructions pour que les travaux du Conseil aient priorité et qu'on vous avait informé que j'avais toujours obtenu les services d'une sténo-dactylo lorsque j'en avais fait la demande. Celui ou ceux qui vous ont fourni ces renseignements ou qui devaient accorder priorité aux travaux du Conseil vous ont sûrement mal rapporté les faits. J'en subis un préjudice grave, notamment aux yeux des membres du Conseil supérieur, et je désire faire la vérité sur cette affaire. Je suis prêt, si vous le jugez à propos, à faire serment que le contenu de cette lettre est vrai. Je suis prêt aussi, si vous le jugez à propos, à une confrontation avec Monsieur Noël Bérubé en votre présence.

Je suis sûr, Monsieur le Ministre, que vous voulez la vérité et la justice. J'espère donc que vous me fournirez l'occasion de faire éclater la vérité.

Annexe 2

DÉCLARATION DE LOUIS LABERGE, PRÉSIDENT DE LA FÉDÉRATION DES TRAVAILLEURS DU QUÉBEC

Texte d'une nouvelle publiée par le journal *Le Devoir* le 2 février 1967

À l'occasion de la conférence de presse au cours de laquelle il a dénoncé ce qu'il a appelé l'atteinte à la liberté d'association des préposés à l'entretien des autoroutes, le président de la FTQ, M. Louis Laberge a demandé au gouvernement provincial d'ouvrir une enquête sur toutes les circonstances qui ont entouré l'adoption de la loi de la fonction publique et la syndicalisation des fonctionnaires par la CSN.

Le porte-parole de la Fédération des travailleurs du Québec, réitérant encore une fois son accusation selon laquelle les fonctionnaires provinciaux auraient été «servis à la CSN sur un plateau d'argent», a soutenu que le temps est venu, au moment où éclate le scandale des autoroutes, de faire la lumière sur cette opération-mystère.

M. Laberge soutient que la loi de la fonction publique, sanctionnée le six août 1965, a été taillée sur mesure pour convenir à la CSN, en restreignant notamment le droit d'affiliation des fonctionnaires provinciaux, et que l'arrêté ministériel du 17 mars 1965, soustrayant les employés de la Régie des alcools à la loi et à la juridiction du syndicat des fonctionnaires, sans égard pour les employés de l'Office des autoroutes, constituait un découpage savant de l'unité de négociation à l'intention de la CSN.

Selon M. Laberge, l'enquête devrait chercher à faire la lumière sur la façon dont l'ancien gouvernement Lesage en est arrivé à décréter un vote de représentation entre le SFPQ et le conseil général des employés du gouvernement de la province de Québec, sans vérification préalable des cartes de membre; à accorder l'accréditation au syndicat des fonctionnaires par la voie législative plutôt que par la voie normale de la commission des relations de travail; à interdire l'affiliation des fonctionnaires à une association faisant de la politique partisane ou participant au financement d'un parti politique; à soustraire par voie d'arrêté ministériel les employés de la R.A.Q. à la loi de la fonction publique, sans en soustraire ceux de l'O.A.Q.; etc.

Le président de la FTQ ajoute que l'enquête devrait également englober l'affaire des autoroutes et chercher à savoir comment il se fait que l'Office des autoroutes a pu décider, dès le mois d'août dernier, de ne pas négocier avec le syndicat local 2700, de la Fraternité des charpentiers-menuisiers, alors que la CRT elle-même décrétait, le 13 octobre dernier, que son certificat de reconnaissance syndicale était toujours en vigueur; comment il se fait que c'est la direction générale des relations de travail, plutôt que celle de la commission de la fonction publique, qui lui a conseillé d'agir ainsi; comment il se fait que le juge Gérard Vaillancourt, de la CRT, a renversé, le 22 décembre, une décision du 13 octobre de la même commission, à la suite d'une lettre du SFPQ en date du 18 octobre.

Annexe 3

EXTRAITS DE LA DÉCLARATION DU PREMIER MINISTRE DANIEL JOHNSON FAITE À L'ASSEMBLÉE LÉGISLATIVE LE 28 MAI 1968

Je puis déclarer à cette Chambre aujourd'hui que nous faisons préparer un rapport par les maisons les mieux équipées dans le domaine des télécommunications, maisons françaises dans lesquelles un consortium américain a des intérêts, travaillant de pair avec une maison québécoise afin que Radio-Québec soit doté d'un rapport et d'un acheminement critique des travaux à effectuer pour que toute la province soit couverte par la radio et la télévision éducatives et que tout le réseau puisse être relié à un satellite, qu'il soit canadien, américain ou français. Ce qui importe ce n'est pas le nom du pays qui nous aidera, ce qui importe ce n'est pas que nous soyons seuls à solder les dépenses pour la partie canadienne, nous espérons même pouvoir nous entendre avec Ottawa et les autres provinces.

Mais si nous avions attendu après Ottawa, en moins de deux ans il ne restait plus d'espace, et nous étions condamnés à mourir par asphyxie.

Il en est dans ce domaine, à Ottawa, sous quelque gouvernement que ce soit, comme dans le domaine des relations extérieures pour le Québec. Le gouvernement qui nous a précédés n'a pas attendu qu'Ottawa l'amène par la main signer des accords avec la France, il a pris les devants et Ottawa a couru derrière pour chapeauter ces accords.

Quelques minutes plus tôt, Daniel Johnson avait déclaré:

En 1945, cette Législature a adopté une loi qui pouvait s'intituler Radio-Québec et qui aurait permis au gouvernement d'utiliser ce moyen non pas encore une fois contre qui que ce soit, mais pour lutter à armes égales, du moins en principe, contre l'envahisseur[1]. Pour des raisons que je n'ai pas à discuter ici, on a refusé ou on a pris la peine d'avertir le gouvernement du temps qu'on refuserait toute demande de permis. Cette loi n'a pas été utilisée et nous avons cru, nous, que le temps était venu d'employer des moyens modernes. Voilà pourquoi nous avons mis en vigueur cette loi. [...]

Il est trop tôt pour dévoiler les grands plans ambitieux que nous entretenons quant aux développements extrêmement rapides de la radio et de la télévision éducatives. [...] Que le gouvernement, à un moment donné, ait songé à demander à un pays qu'on ne laisse pas saturer l'atmosphère, ni l'ionosphère, de satellites dont pas un seul ne couvrirait le Québec en langue française, nous avions l'air, à ce moment-là, peut-être de commencer par la fin mais quand on songe à ce que sera l'enseignement, à ce que deviendra le rapport maîtres-élèves d'ici une dizaine d'années, on ne peut pas mettre de côté cet élément essentiel qui s'appelle la communication par satellite.

Or, au moment où nous en avons parlé au mois de mai 1967, il n'y avait aucune démarche faite par le gouvernement fédéral pour nous assurer qu'il y aurait au-dessus de nos têtes un satellite qui utiliserait la langue française. D'où notre préoccupation de demander de l'aide d'un pays francophone qui s'appelle la France, qui nous l'a accordée sans hésitation, sans nous lier, sans nous demander de nous lier de quelque façon que ce soit[2].

Vers la fin de sa déclaration, Daniel Johnson continue à parler de satellites de communications et fait allusion aussi à la participation du Québec à «une conférence de pays francophones portant sur un domaine qui est clairement de compétence exclusive à la province, le domaine de l'éducation». Il en profite pour dire

---

1. L'«American way of life».
2. Débats de l'Assemblée législative du Québec, p. 975.

que le Québec est prêt à «tenir compte de la politique étrangère du Canada[3]». Mais il ajoute:

> Comme on l'a dit, M. le Président, comme on l'a écrit avec justesse, Ottawa se réfugie dans une notion anachronique du domaine des relations extérieures. Le député de Montcalm, en 1966, a fait une causerie dans laquelle il faisait la distinction entre la notion de relations étrangères, telle que conçue autrefois et la notion moderne qui comprend cette dimension de relations extérieures, de prolongement de nos compétences provinciales à l'extérieur ou, comme l'a dit récemment le ministre de l'Éducation, l'honorable Jean-Guy Cardinal, de la plénitude de l'exercice de nos droits dans ce domaine. Tout ça peut se faire selon une formule qui reste à déterminer, mais une formule que l'on ne nous imposera pas avec du chantage qui va jusqu'à nous menacer ou à menacer de rompre les relations avec la France. C'est de l'enfantillage[4].

---

3. *Ibid.*, p. 976.
4. *Id.*

Annexe 4

EXTRAITS DE L'ALLOCUTION PRONONCÉE PAR LE PREMIER MINISTRE DANIEL JOHNSON LE 8 JUIN 1968 LORS DE LA REMISE DES DIPLÔMES À L'UNIVERSITÉ DE SHERBROOKE

Dans cinq ans peut-être, les communications par satellites seront d'usage aussi quotidien et aussi universel que l'est aujourd'hui le téléphone.

[...] dans ce monde nouveau qui est en train de prendre forme sous nos yeux, nous aurons l'immense avantage de pouvoir entretenir des contacts beaucoup plus directs et beaucoup plus intimes non seulement avec la France, mais avec une trentaine d'autres nations qui ont part avec nous à la langue et à la culture françaises. Si bien que ces changements qui nous inquiètent s'avéreront en dernière analyse notre meilleure chance de survie et d'épanouissement.

À deux conditions toutefois. La première, c'est que le Québec, comme foyer principal de la nation canadienne-française, puisse établir librement avec le monde extérieur les communications nécessaires à l'exercice intégral de ses compétences internes. L'égalité de nos deux communautés culturelles, ou de nos deux peuples fondateurs selon l'expression dont s'est servi le gouvernement fédéral dans la définition du mandat de la Commission Laurendeau-Dunton, est à ce prix.

Il n'y aurait pas d'égalité possible, en effet, si l'une de ces deux communautés pouvait mesurer à l'autre l'oxygène nécessaire à sa subsistance, si l'une pouvait ouvrir ou fermer à sa guise les canaux d'alimentation culturelle de l'autre. Il n'y aurait pas d'égalité possible si les lignes de communication qui nous sont devenues vitales, en matière d'éducation et de culture, dépendaient de décisions prises à Ottawa, où nous sommes en minorité, plutôt qu'à Québec, où nous sommes en majorité.

[...] À cette première condition, d'ordre politique, s'en ajoute une autre, d'ordre technologique. Il ne suffit pas que, dans l'exercice de ses compétences exclusives, le Québec ait toute liberté de communiquer avec les autres communautés francophones ou anglophones du monde; il faut encore qu'il dispose des outils nécessaires à cette fin.

C'est pourquoi nous faisons procéder actuellement à une étude globale de nos besoins, des moyens dont nous disposons déjà et de ceux qu'il nous faudra mettre en œuvre pour doter le Québec d'un système complet et intégré de télécommunications; ce qui, de la transmission par satellites jusqu'au dernier des magnétophones, en passant par la télévision éducative, couvre comme vous le savez un très vaste champ. Deux équipes y travaillent actuellement, sous les auspices de Radio-Québec: l'une chez nous et l'autre en France. Elles doivent nous soumettre un rapport préliminaire en juin et un rapport final en août.

[...] Depuis qu'un accord de principe est intervenu, lors de mon voyage à Paris en mai 1967, pour permettre au Québec d'utiliser dans les deux sens le futur satellite franco-allemand, plusieurs rencontres ont eu lieu entre représentants de la France et du Québec pour en préciser les modalités. Le conseil national d'études spatiales a accepté que plusieurs ingénieurs québécois participent à la réalisation des différentes phases du projet, ce qui facilitera singulièrement les choses quand le moment sera venu d'utiliser le satellite, vers 1971 ou 1972. Une étroite coopération s'est établie également entre Radio-Québec et l'O.R.T.F.

Sans préjuger des décisions qui pourront être prises par le gouvernement à la suite des rapports qui lui seront soumis au cours des prochains mois, on peut être assuré que le Québec disposera dans quelques années d'un système de télécommunications aux possibilités presque illimitées. Avec son équipement, son personnel hautement qualifié, ses services de production, son intégration à des ensembles canadiens, américains et européens, ce système sera au service de la population québécoise, de ses institutions publiques et privées, de ses organismes de recherche, de ses hôpitaux, de ses maisons d'enseignement et spécialement de ses universités. Celles-ci auront accès à des banques de savoir, à des centrales d'archives, à des réseaux de transmission des données; elles pourront dialoguer entre elles et avec d'autres universités situées des deux côtés de l'Atlantique.

[...]

Un plan est à l'étude en vue d'étendre à l'ensemble de notre territoire, comme rouage important de notre système de télécommunications, le réseau de micro-ondes qui relie à l'heure actuelle les principaux établissements de l'Hydro-Québec.

Annexe 5

LISTE DES MOTIFS INVOQUÉS PAR L'OFFICE DE LA LANGUE FRANÇAISE POUR JUSTIFIER SA DÉCISION AU SUJET DES PRODUITS CASHER

CONSIDÉRANT QUE la Charte de la langue française vise à assurer le rayonnement de la langue française dans un climat de justice et d'ouverture à l'égard des minorités ethniques qui constituent un apport précieux au développement du Québec;

CONSIDÉRANT QUE la communauté juive de langue française doit pouvoir s'épanouir totalement dans la langue officielle du Québec;

CONSIDÉRANT QUE la communauté juive du Québec compte entre 125 000 et 130 000 citoyens dont près de 20 % de francophones et qu'il est important que ces citoyens puissent comprendre les étiquettes des produits alimentaires qu'ils consomment;

CONSIDÉRANT QUE les produits casher sont également consommés par de nombreux citoyens francophones qui ne sont pas de religion juive et qu'il est important qu'ils puissent lire les étiquettes sur les produits pour connaître leur contenu;

CONSIDÉRANT QUE la presque totalité des fabricants de produits cascher du Québec et du Canada se sont déjà conformés aux exigences de la Charte et de ses règlements;

CONSIDÉRANT QUE la plupart des fabricants qui ne s'y sont pas conformés sont étrangers, principalement des États-Unis, ce qui constitue une injustice pour ceux qui se sont déjà conformés à la Loi;

CONSIDÉRANT QUE les produits casher importés d'Israël sont généralement étiquetés en plusieurs langues, dont le français;

CONSIDÉRANT QUE les exigences de la loi concernant l'étiquetage des produits alimentaires touchent tous les produits importés par les différents groupes ethniques établis au Québec;

CONSIDÉRANT QUE les exigences fédérales et québécoises sur l'étiquetage des produits alimentaires existent depuis plus de dix ans et qu'elles sont connues des fabricants canadiens et américains;

CONSIDÉRANT QUE l'Office, par sa Direction de la terminologie, collabore vec les fabricants québécois et étrangers et les aide dans la rédaction des étiquette;

CONSIDÉRANT QUE le coût de l'étiquetage d'un produit représente une petite fraction de son coût total et que les produits casher étiquetés en français sont disponibles à un coût sensiblement identique à celui des autres produits casher;

CONSIDÉRANT QUE les avantages que retire une entreprise de la francisation de ses opérations au Québec en surpassent les coûts à moyen terme;

CONSIDÉRANT QUE la communauté de religion juive dispose actuellement d'un large éventail de produits dont l'étiquetage est déjà conforme à la Charte de la langue française et aux autres lois et règlements touchant l'étiquetage.

Notice biographique

Date de naissance: 10 juin 1920
Marié, père de 5 enfants

Études

1926-1935 École Saint-Maurice et collège Saint-Charles, cours élémentaire et cours commercial jusqu'à la 9ᵉ année;

1935-1938 St. Patrick's College, Ottawa, cours de «high school» jusqu'au niveau de «senior matriculation»;

1938-1939 Cours privés par Eugène Bussière, belles-lettres et rhétorique;

1939-1940 Cours privés par Arthur Tremblay, philosophie;

1940-1943 Université Laval, École des sciences sociales;

1950-1951 Université de Paris, faculté de droit et des sciences économiques, économie ouvrière et sociale, scolarité de doctorat;

1958 Soutenance de thèse de doctorat à la faculté de droit et des sciences économiques de l'Université de Paris.

Diplômes

1943 Licence en sciences sociales de l'Université Laval;

1958 Doctorat de l'Université de Paris, mention Droit.

Décorations

1978   Médaillé de l'Association pour la coopération technique, industrielle et économique (ACTIM);

1980   Officier de l'Ordre de la Pléiade (francophonie);

1982   Chevalier de la Légion d'honneur;

1986   Patriote de l'année, Société Saint-Jean-Baptiste de Montréal-Nord et de Montréal.

Carrière

1943-1944 Conseil supérieur de la coopération, recherches et rédaction;

1944-1949 Comité diocésain d'action catholique de Québec, chef du secrétariat;

1949-1950 Département des relations industrielles, faculté des sciences sociales, Université Laval, recherches et rédaction;
École supérieure de commerce, chargé de cours;

1951-1961 Ministère du Travail, conciliateur;

1960-1962 Conseil supérieur du travail, secrétaire;

1961-1962 Conseil national de la productivité, agent régional (Regional Officer) et directeur du programme pour le Canada français;

1962-1963 Conseil d'orientation économique, conseiller technique;

1963-1965 Ministère de la Jeunesse, conseiller technique; Ministère de l'Éducation, directeur de la coopération avec l'extérieur;

1965-1966 «Conseil exécutif», directeur général des relations de travail;

1967-1969 Ministère des Affaires intergouvernementales, directeur général des relations avec l'étranger;

1969-1971 Ministère des Affaires intergouvernementales, commissaire général adjoint à la coopération;

1971-1974 Office de la langue française, directeur;

1974-1977 Ministère de l'Éducation, sous-ministre adjoint;

1977-1978 Ministère d'État au développement culturel, conseiller auprès du ministre chargé de la préparation de la Charte de la langue française;

1978-1979 Ministère des Affaires intergouvernementales, chargé de mission (dossier des autochtones);

1979-1981 Ministère des Affaires intergouvernementales, directeur des Affaires françaises;

1981-1986 Commission de protection de la langue française, président;

1986 Départ à la retraite.

Table des matières

COMPOSÉ EN TIMES CORPS 12
SELON UNE MAQUETTE RÉALISÉE PAR JOSÉE LALANCETTE
CET OUVRAGE A ÉTÉ ACHEVÉ D'IMPRIMER
SUR PAPIER OFFSET 120M
EN OCTOBRE 1994
AUX ATELIERS GRAPHIQUES MARC VEILLEUX
POUR LE COMPTE DE DENIS VAUGEOIS
ÉDITEUR À L'ENSEIGNE DU SEPTENTRION